Les Mers Détroublées

Collection Voix 27

Claude Péloquin

Les Mers Détroublées

(Poésies et textes : 1963-1969)
Tome 1

Guernica

Montréal, 1993

L'éditeur remercie le ministère des Affaires culturelles du Québec et
le Conseil des Arts du Canada pour leur aide.

Antonio D'Alfonso, éditeur
Les éditions Guernica inc.
C.P. 633, succursale N.D.G.
Montréal (Québec), Canada H4A 3R1
Dépôt légal – 4ᵉ trimestre
Bibliothèque nationale du Québec et Bibliothèque nationale du Canada

Données de catalogage avant publication (Canada)

Péloquin, Claude, 1942-
Les mers détroublées : poésies et textes, 1963-1969

(Collection Voix ; 27)
Comprend des références bibliographiques et un index.
ISBN 2-89135-045-6

I. Titre.   II. Collection : Collection Voix
(Montréal, Québec) ; 27.

PS8531.E447M37 1993   C841'.54   C92-090043-7
PQ3919.2.P35M37 1993

I

Jéricho
(1963)

À Henri Bosco

Ma paix
mon bonheur
c'est quand mon esprit se récompense
quand il éclate de rire tout seul
content de ce qu'il est
content de ce qu'il a
d'avoir osé se turbuler
pour mieux donner
content de ce qu'il a trouvé tout seul
comme un grand garçon fier

　　　écrire
c'est se vivre
dans des continuels pow-wows
des profondeurs

le bonheur c'est précisément
ne pas trop en demander
aux moments de bonheur

I

Jéricho

.

Je suis division

On m'a multiplié

Je n'ai rien soustrait

Je laisse la somme aux autres

Elles sont apparues
Fleurs jaunes
Au sillon des fleuves
Jaunes parfois

Duvet de la terre
Sur vaste joue
Où s'effrite le rire

Clairière de candeur
Qu'un rictus escalade
Qu'un dôme vieilli étouffera
Me sculptant une fraîcheur de marbre

Les cymbales de mes pas efforcés
Percutent mon délire
À leur présence spatiale
        Me laissant
Un mal de pâtre sans brebis
Lourd d'un vague à l'âme
Blotti sur une marée
Qui ne finira jamais

        Les Amphores de grès
        Filles du limon
Se fracassent sur la tête des mers

        Semés sont leurs pétales
                Le poids d'un souffle
                L'espace d'une soif

Pitié sont-elles d'un amour lézardé

Au gré d'une grève
En seuil de glaise
Je me déverse à la terre
À ces corolles en poussière
Jaunes parfois muettes de mon pas futile
Comme installées au trépas
Leur regard aiguisant ma fuite

Quelques heures peut-être un jour ensuite
Je passais hasardé à ma vigie
Caché que j'étais derrière moi
Tel l'enfant au cirque
Qui serre bien fort son banc

Je me suis donné un bouquet
Qui s'est esclaffé sur ma main

Puis suis passé
Maladroit
Comme avec un nouveau-né

Cimes

J'ai voulu des pays
Avec femmes plein le sang
Des déserts d'hommes face au vent
Mais n'ai trouvé que fillettes et marcheurs
    endormis

J'ai cherché des clartés
Aux yeux de mer
Et j'ai crié des sons de terre
Mais n'ai eu que noirceurs d'écho

Il est pesant d'ouvrir les yeux
Sur ces mondes où l'horizon s'affaisse

J'ai voulu des sentiers truffés de vraies âmes
Au tournant
Sous les cieux les arbres
Qu'on a fixés bien au faîte
Sous ceux-là qu'on n'a pas coupés

Jusqu'aux Nords de vos terres
Émiettées comme tournesols
J'irai planter vos âmes à tous les vents
Car je vous veux des champs de gerbes blondes
En autant de têtes d'ENFANTS

Celle-là

Si le soleil venait sur terre
Tu lui porterais myrrhe
Si le soleil mourait
Tu serais Inca

Si le soleil était seul
Tu serais lune
Si le soleil était soif
Tu serais vigne

Si le soleil était navire
Tu serais mousse
Si le soleil était désert
Tu serais cactus

Si le soleil était amant
Tu serais fille
Si le soleil était mal
Tu serais serpent

Si le soleil était joie
Tu ne serais pas reine

　　　Le soleil est Roi
　　　Et nous... atoll de peine

Vague à l'âme

Je sais un gitan quelque part
Qui sable le ciel
De ses mains calleuses
Dans un fandango dément

Parti en mal de filles
Pour des pays à nudité
Errant aux grilles
Comme chien sans collier

Il pétrit des masques de mort
Sur des routes sans nom
Dans une roulotte que l'on dit sale

Elles pleureront dans son tourbillon
N'y pourra rien Rien n'y pourra personne

Parti en mal d'aimer
S'est cassé en deux pour battre ses sentiers de lune
Mais les grands vents l'ont mordu
Au tournant des villes
Alors est reparti en mal de mer
Pauvre comme riche
Nu comme taudis

On m'a traqué sur une dune d'algues
J'ai peur
Qui sont ces gens
Ils sont verts
Vomissent des mots d'asphalte
De bombe de civilisés à outrance
Vivent en des quenouilles de béton
Et meurent en pleurant

Se peut-il ?
Que la Terre Promise
Ait été vendue en lopins
À emprunt à douleur à mensonge

Se pourrait-il
Que des Enfants
Ne veuillent pas vivre demain
Parce qu'il sera noirci de Faim

Se peut-il
Qu'ils aient oublié la Soif de ceux-là
Pour assassiner les assassins
Et semer des pierres en guise de pains
Traînant leur Peuple
Vers des Royaumes
Sans Manne de Vérité
           Je vois enfin comme dans un œil
           Les poussières d'un monde ailleurs

Qui mérite de graver son Nom

Avec le silex des Étoiles

Dans les grottes de l'Enfance

*

Un badaud
Perdu de lumières
Cadencées par sons de métro

Quelques noirs hirsutes
Fils de cette chaude asphalte
Et foules froides
Où l'on sent un moule immense

New York

Tu me rappelles ces
Clochards   que j'ai aimés

Je les ai quittés
Comme on part d'une ville de sève
        À reculons

On t'a saoulée au Bar Civilisé
Tu es loque
Mais tu es cœur de loque
        Et c'est Immensité

Faux pas

Il y a les marches qu'on monte
   Et celles qu'on descend
Il y a les marches d'une seule fois
   Et celles où l'on hésite au bras d'un autre
Il y a les marches qui tournent tard la nuit
   Et celles que l'on a laissé au temps
Il y a les marches où l'on veut mourir
   Et celles qui mènent au Paradis
     Il y a eu les pyramides
     Il y a ces gradins de cirque
     Il y aura ces marches dans les abris
     Serez-vous alors Graphiques

*

J'aime ces heures au fond de mon puits
À écouter bruisser l'eau dans le cœur de la pierre

Assis bien au creux
Ravel sur la margelle
Je me sens un regard par-delà les mouettes
Pendu à cette corde
Que personne n'a dressée

Moiré à cette main du soleil sur ma tête

Tourne porte tourne encore
Je suis lutin à aube

En ce monde et de l'autre
Puisse gicler le spasme
Croquer l'Infini
Craquer ces barrières
À portée de lèvre
D'un lac bleu à la Paix
Où se dandine ma brume
Drapée de matins étranges

De ce monde pour l'autre
Dans ce monde face à l'Autre
Nanti d'une barrique à vin trop amer
Suis allé au bal au bord de la terre

Toutes voiles au bout du bras
Le cou tendu vers cette vallée
Où j'ai cru reconnaître
Rivière d'hier restée pour un demain ténu

        Celle-là
Qu'ils ne pourront endiguer
                Ni même tarir
                        Car je suis aube à couler ma danse
                        Sur une mer éclatée

Métamorphose

Le Fluide est mort
Au champ des Sciences
Et je pleure un cafard paysan
Vibrant d'un écho à vide
Avec le trop-plein d'en face
Qui m'étire
Me laissant seul comme clown

L'écho de Jéricho
A sombré au large des sourds
L'armée des bouffis s'est assise
Farandole de gavés en soi
Qui sèchent à la lune
Sans horizon que le ventre
Les culs-de-sac bedonnants
Ont mis les trompettes en fuite
Me jetant comme Aumône
Des Moulins à cœur des tout-petits

Gonflés de musiques
        Effeuillées de jongleurs

J'ai deux battants à ciel ouvert

        Debout les Fronts
        La mer va chanter
        Sur guitares aimées
        Dans la barbe blanche des rivages à vents

Regard

Mon enfance dérive hors horizon
Et je reste là blêmi par un passé
Qui me resouffle

Ses brumes face au front
M'ont chanté des airs myopes
Sur des aires séchées

Passé de feutre
Bouffi de magie
Tu joues d'absence
Et je te sens au tournant
Grisé d'un boléro au chapeau percé

Tu danses délires dans un pré
Emporté par un vent de maintenant
Vieux cerveau de pantins bizarres qui divaguent

Lorsque se dissipe la vapeur
Je te sens bien loin et tout près

Gonflé de rires francs en fuite de moi
De moi que la battue des champs de l'oubli
            A frôlé sans se retourner

Mes visions bucoliques
Se cendrent de courses champêtres

S'en vont dégoulinant
De par le temps qui sèche

Bises d'infini attardées à mes rides

Sur le sentier de l'absurde
Qui me vagissait ses ronces

J'ai bien regardé en arrière
Et sachant que c'était devant

À jamais

J'ai fait un nœud
De ma farandole

II

Pour hommes et bêtes

Les métiers

Un petit port de mer demeure tel un tonneau à qui on a tiré tout son vin.

La peau de ses quais craque sous un équipage de lunes.

C'est que les jours, à cheval sur le temps, ont emporté ses mouchoirs à départs sur des rades en béton.

Ce matin, un noyé y a échoué, on l'a fouillé pour marquer son nom, pour faire une croix, à la suite du souvenir, à la soif des vivants.

— C'est un marin, dit l'un.
— Non c'est un mort, laissa tomber l'enfant.

On a trouvé un papier, plutôt un chiffon qui balbutiait :

«Remettez-moi à l'eau, la Mission commence. J'fais la ronde de grèves pour canonner le Silence, j'suis de ceux-là, j'suis de l'ombre.»

C'est alors qu'on a vu quelques badauds s'en retourner, l'âme aux nuages, riches de la grandeur d'un métier qui ne fait pas de Bruit.

Et de s'engouffrer dans le roulis des boutiques animant un petit port qui se chuchotait :

« C'est drôle comme mes quais défoncés savent encore épauler. »

Il pleuvait

Jamais
        La Mort ne serait pleurs et fleurs à faner
        S'ils savaient regarder plus haut

Le Temps s'est épris de vert-de-gris
Ils ont alors inventé l'Amour-lit
        Question de ne jamais s'enliser

Non jamais il ne restera
D'Enfance qui navigue
Sur les terrains vagues
S'ils jouent toujours à taupe

Jamais de jamais
        Il n'y aurait de guerres
Si nos mains étaient aussi larges que la terre
Une pluie de jamais
A coulé dans ma rue
S'en est fallu de peu
Pour qu'un soleil de toujours
N'y coure plus

C'est sûrement la faute
D'un rire
Du cocher ventru
Qui attend les grosses gens
        Au coin de ma rue

En point d'interrogation

Est-il dit que l'Enfance n'a pas de musiques, de lutins, comme un Paradis, au seuil de ses danses et du rire ? Est-il dit qu'ils regardent nulle part avec ces yeux en toupie étrange ?

Est-il dit que les chiens, leurs amis, ne seront pas maîtres ailleurs ?

À chien perdu toute sa ville, à chien de salon un continent...

Est-il dit que tous ceux-là, clowns en charrette, Enfance à dos de chien, tous ces bohèmes de la terre, ne virevoltent pas, comme ça, par quelque bilocation, en un coin marin du monde ?

Qu'ils ne se réunissent pas, comme des voleurs, pour s'assurer, la nuit, de l'étanchéité de leur Mystère, de leurs coffres, voilés dans la mer à chimères de leurs ennemis ?

Conte sans fil

Seul

Sans son copain de chien
Face en écorce
Dos de colline
Souliers essoufflés
Sac à l'épaule à forme de bouteille
Où dorment cruchons
        Mie de pain
                        et mandoline

Cause avec son ami de chien
Devenu aussi sauteur de trains

        Dorment où ils tombent
        Mangent chez Bacchus

UNE NUIT
Se sont mis à marcher
Sur l'océan qui vagabonde
En soif d'horizons

Sont entrés en Paradis
Saint Pierre a dit :
— *Prends un bon coup laisse-moi-en*
Tu seras un ange
Ton frère un nuage de pluie

J'suis content que tu sois venu
Car... sauf moi et un, de temps en temps,

La soif n'en fait pas tellement monter
Tu comprends

Mais je me demande si le Seigneur m'a tout dit

Tout d'un coup les autres auraient
Comme un coin bien à eux, comme une rivière,
Où le vin éclabousse

Conte pour hommes et bêtes

Il était deux maisons
une grosse une petite

dans la seconde
vivait un vieux

dans la première
un gros monsieur

la bicoque gardait aussi un chien
le château un oiseau en cage
qu'on avait mené à un autre gros monsieur
pour étouffer à jamais son chant
car
        Plus jappait le chien
        Plus riait le vieux
        Plus gazouillait l'autre
        Plus jappaient les autres
        Alors
Le gros monsieur
possédait un jardin
L'autre aussi
dans le plus ténu jasaient les carottes
dans l'autre c'était silence
        On y avait planté des atomes

En ce temps-là
Dans le château il y avait bal
En la masure aussi
Mais pas de Madame dans la bicoque
Seuls un chien un petit vieillard
　　Et beaucoup de vin

On dansa dans les deux châteaux
Tout un jour toute une nuit
Il y avait ceux-là
Et en face deux amis
Saoulés d'automne

　　La bête a tellement fait danser le vieux
　　Qu'on l'enterra au matin
　　Ensuite l'a rejoint
　　Dans le soleil de l'après-midi
　　Pour avoir gambadé
　　Dans le jardin du voisin d'en face
　　Le petit oiseau s'est envolé
　　En sifflant un après-midi peu de temps après
　　Sur un grand rayon de soleil
　　Qui s'était déguisé en gros monsieur
　　Je sais un nid tout chaud
　　Dans l'angle d'une croix au cimetière
　　Où on peut encore lire sous le lierre :

　　　　Ici
　　　　Reposent
　　　　Ceux
　　　　Qui ne meurent pas !

Végétal

Ils étaient en nombre

Peut-être six

Six sapins rectilignes
À périphérie de vent
À sève pure

Étouffés sous harnais
Ciselés de Mort

Six potences avec six sapins

Pour pendre les Vérités

Pour mieux les saigner

Ils étaient de ceux-là

Qu'on a dû couper
Avant de tout perdre

Car
Ils allaient se changer en Framboisiers

II

Les Essais rouges
(1964)

À Alfred Pellan

Note

Il n'y a rien dans cet ouvrage
Qui puisse intéresser
Il en appelle simplement
À un certain pouvoir d'émerveillement
Et ce, à partir de l'oubli

I

Les essais rouges

Du vert

Du vert du rouge
Du mas ohé du bateau
Maison au grand large des blés à marée haute
Rouge l'âtre aux volets verts
Voile de nuages toit en ciel fumée de mât
Misaine en souvenir
Coque greffée à sa terre
Toute bercée d'un clapotis champêtre
Marin à la proue de ses sillons
Aimé le soir de bras blancs
Bouffis du sommeil des grèves... éparses
Le long des cèdres
Quand dort la farandole marine
Du pain du potier et du fer battu
Que se pavanent de leur exil
Au bout du champ de mer des cavaliers errants
Acclamés par des déments
Sous des cieux en champignons
Et le coq chanta... une seule fois

Palpitations

Sous meule de marbre
Jouissent les tiges de blé
Orgasme de l'abeille
Opulence d'un festin de rire
Une fois pétris comme Hercule
Fruit le plus beau le plus haut
Que seul l'enfant veut raccrocher à sa branche
Dont il connaît seul l'abandon
Navire que l'on tient
Par delà l'absence des eaux

Le Regard est au Paradis
Ce que le pollen est au vent

Sous le saule

L'œil lunaire
Ombre d'absinthe étoilée
Dans la fourche bleue d'un ciel d'arbre
Et s'y terre
Fantasmagorie
Pépites d'Avril
Le rêve volète tel papillon
Mais comme sa fleur est connue
      Portée de mouettes éclatées sur l'azur
      Baignée d'un ciel noir-mer
      Se dissipant en la fumée de ses ailes
J'eus en Avril la lèvre charnue d'un baiser
Au fruit de l'Inépuisable
En notes malhabiles
Je traînai ma soif sous le saule des ans
Il y ventait triste un peu
Affaissé que j'étais de paupières en peau d'écorce

Variation

De vert à bleu
À l'arbre son ciel
Badigeonné de pics blancs
Auxquels s'harnache un vent difforme
Déteint de terre à roc
La Nature respire de rites
D'Avril à demain
De source à pluie
De lune à marée
D'écluse en écluse les hommes
Du sein à cendre
La vie repose en ses tombes
L'arbre survit à l'oiseau
Puis ils meurent
La grande Fresque naît sous le biseau du Voilé
Dis-moi mon frère le poids d'un seul gîte
Pour le nomade
S'il ne renaît pas du chapelet de tous les autres ?

Terrienne

Une cigale allaite le torride
Une dernière fois avant demain
Pendant qu'haletant
Le semeur refait son chant d'un sillon
Avant de remettre les étoiles à leur nuit
Quand tout est bien ainsi
Les criquets
Bien ainsi comme lessive pliée
Lorsque au soir coule l'appel
De mille drames cachés
Que se disloque l'ultime motte de vie
Sous sa main lézardée
Il ressasse son périple
Bêtes soumises et sanguines
Femmes de leurs yeux
Mâles de leurs croupes
        Terre androgyne
        Échiquier en travail
Féconds méandres
Gerbes liées
Moites de l'homme transfiguré
Échines qui craquent
Sous le carcan du cosmos
Mais quand tout est bien ainsi
Que l'homme grandi d'avoir tout ordonné dit au vent :
        «Connais toi aussi les coins secrets de mon fenil
        Qui rendent secrètes toutes les fournées.»

Le vent aux arbres
Avant la pluie
Les corps à la guerre
Pendant l'orage
Le bateau à son port
Après tempête
RASSASIÉS... rassasiés
Le néant en orgasme
Serti d'une déesse montée sur un nain
S'attarde dans les mâtures
        En fête de tous leurs feux Saint-Elme
Lucioles les anges
Fuyants à palper
Ils ont des bruissements d'ailes en silence
Dont se gavent les corolles de l'Absence

Variation

Margelle éclaboussée de cette eau
Jamais ignorée
Jaillie de l'arrière-ciel des bas pays

Galaxie de pierres
Qui forgent leur puits
Où se joue l'herbe verte d'un arbre
Alpin à sa montagne multipliée comme bulle
De monts à bleu
Et suinte suinte la sueur du limon
Jusqu'au fatal frisson de l'orage
Que rengorge un puits trépané
Sur terre florilège

Arrière-chose

Carafe altière comme gaupe repue
Offerte encore une fois
Belle de son spasme
     Pierres en jouir d'érosion
Ailes qui piquent de plaisir
Dans ce bois qu'est leur sang
     Faux flattée comme une croupe
     Qui sait sa terre avec délices
Acier masochiste d'obus
     Vent aux éclats
     Travesti en tout ce qu'il souffle
Nuit de plus en plus nuit
Forte pour une seule nuit sur le jour
     Mort de plus en plus morte
     De tout ce qui meurt
Arrière-chose

Amor O.N.U.

Bas-ventres internationaux
Aux pépins sans filières
Flammes sans visa
Des lits apatrides
Aux visages anonymes
    Sans rois
    Ni gueux
Amour qui sent fort
Qui a sa dignité pendant
Comme le trépas

Pendant que...
    Rampe l'Afrique
    De tous ses anneaux
    Ruisselle tout le flanc de ses bêtes

    Hongkong
    Dérive de tous ses sampans

    Le Népal
    S'emporte de tant d'avalanches
    Moi... Je te bois belle
    Mienne de tous les sous-bois
    Qui palpitent

    Épiés de notre souffle court

La respectueuse

Il y avait le pastis de ses hanches pleines
Qu'on a cent fois redit
Bien plus souvent que la pluie
Et le creuset des ans
J'ai navigué dans ce cou
Me suis fait marin sur sa main
Tatouage mauve à son sein
Complice d'un jeu étrange
Qui recouchait le soleil
Pour une fois encore avant le jour

L'intruse

Flux et reflux
Quand court la Muse
Intruse complice Dame impondérable
Dont la cour est de poètes séculaires courroucés
Sans pardon comme la mer
Prodigue comme l'enfant
Son petit pied pique délicieux
Sadique baigneuse Squale angélique
Muse d'un peu de Mort

      Car un peu de malice
      Et maints mirages

Centrifuge

Vos pas esseulés craquent d'inertie
Les danseurs improvisent
On les moque en gueulant que c'est de la bacchanale
Écartelés sont-ils entre le bond
Et leur crucifixion
Ils ont le crâne cruciforme C'est équilibre
Mais Demain et jamais les retrouvent
Apeurés sur leur premier pas
C'est en sonnant derrière l'Homme
Que tinte le verre
On le retrouve alors en son globe
Son instinct à la paroi en colimaçon

Les parias

Il y en avait tant
De ces repris d'Oubli
Qu'on leur a presque pardonné
D'être passés avec lui
      Blasphèmes balbutiés
      Main jaunie à sa larme
Fantasques avec la nuit
Menuets sur le jour
Ils errent de notre nausée
Magiques présences d'un peu de pain laissé là
      Magnanimes bonzes
De la prière des villes
Reclus de la fumée
Grattes-pavés voûtés d'édifices
Ébahis ébahis ! ! !
Mus comme des moineaux d'un orgueil de Titans
Affaissés en silence tels des bêtes en délire d'herbe
Que seul Demain retrouve parce qu'un soleil s'est
   pendu
Blanchis transis pour avoir peut-être été

Diapason

Éternellement
Chérubins de la Boue
Des anges rémouleurs
Prirent jadis les Temps en chasse-couteau
      Tout est acuité
      Par la Tendance
      On meurt en riant
Mes anges
      Leur éternité
      Des rémouleurs
Désagrégés en forant
Ce qui tient du poète aiguise
Avec lui dérange
Bayard de la tourmente des Fluides
Translucide à l'intensité des puissances
      Qui aime ne donne pas... il acère
Angéliques éreintés en selle d'innocence
Toutes piques à nu... Han... Effiler les rebondis... Han
Plein-vide Le bout du corps fait seul son office

Les périples aux extrêmes
N'ont pas le temps du dégoût
Le crachin de l'après n'est qu'accalmie
Quand se descellent les yeux
Sur la Paix d'un éclatement
Seule acuité à bon port
      Un soleil n'est plomb
      Que dans les os blanchis
      De celui-là desséché
      Les poings aux oreilles

Sous le murmure métallique d'un soleil blanc
Cristal vrai qu'éclaté
Astre vrai que tombé de nuit
De même les hauts-fonds de l'Autre
Ses ramilles
Cassantes d'un trop de bises Immatérielles
Jusqu'au cri d'avoir trop vibré
Orgues vocales de l'autre côté de l'âme
        Éruptions in extremis

Métronome

L'espace d'un sillage
Et dérive le soleil d'une rive
Sourire à la Frans Hals sur ma grève
Passerelle de mon regard soudain acide
Avec ce matin demain... soi... d'une seule rosée
Avec cette femme dans le cou
Et tant tant
De lacs carrés pour se noyer face à face
Sur les oiseaux naufragés de rades
Dégouline une sueur de fond de masque
Une fureur de harpies giflée d'incendies
Ces plaines mauves où s'épanouissent
Des vierges vendues
L'Apothéose s'est muée en géhenne
Et tant et tant de déserts blancs
Ulcérés d'oasis
        Je creuse le roc du Temps pour votre or
Mais je sais mime maudit
Qu'on ne greffera jamais d'agneau à la poitrine des
    hordes

Pour un voyou

Son château une guérite
Garde sans barrière
Et vire le vent immense menteur
Autant que fillettes
S'il a pleuré c'est qu'il a bien ri
Trempé de rosée dans sa veste de truand
Si tu as bien bu François
Tu n'avais plus bien soif
Qu'ont-ils fait de nos belles terreurs ?
De passage mon ami ombre vagabonde
Semelles boueuses pantalons sans écus
C'était là ton rire ô fou sans roi
      Mon unique culotte

Triomphe de la Mort

La Mort triomphe
Et le corbeau est toujours vivace
Du gibet au four il n'y a qu'un crâne
L'opulence des os s'amuse à la roue
                              à la croix
                              à l'amour
Fifres luths cornemuses
Ne sont plus que cliquetis
Dansant le fer et le sang
Sous des cieux glauques
Les heures coulent les hommes passent
Dans des sabliers à un grain
Les armures qu'une vie forgea ne sont que tombeaux
Terre tombale de l'homme
Étranglé toujours plus près du ciel
Serait-ce qu'on l'aspire ? Dérision
Il retourne toujours pourrir plus bas
Disloqué d'un souffle il erre squelettique
Au bord d'une éternité malade

Equilibrium

Ils ont crucifié le Barabbas de la grand Meute
Celui qui disait non aux vents de Boue
Installés leurs étals sacrilèges le long de l'Homme
Mis pied dans l'arrière-chose
Et les forceps aux ventres stériles
Souillé les fluides de la poésie
Dans les éprouvettes de la raison
Limiers sur leur propre piste
Ils furètent comme de vieilles presbytes
Dans le tourbillon de l'Inépuisable
Ils ont préféré la glaise à son eau
Réciprocité à sens unique equilibrium
Ils sont partis en chasse sur le monde
Ceux-là qui hésitaient
Mais le monde les avait vus faillir
Gare...Gare... L'Autre réel connaît votre pus
   magnanime
Et le flair de vos cerbères
      Quelqu'un est passé
Pour s'arrêter dans mon dos
Quelque chose est entré
Que je porte
Mes Fluides gèlent en tronc d'olivier
Rien ne ronge
C'est là le vide à plein bord
Je sais hier avoir été frôlé
Par la Secrète Présence

Le sommeil de la raison engendre des monstres/Goya

Armada de l'oubli

Chalands capiteux que halent des bourriques
   fantomatiques
Harnachées d'écume
Vautré dans l'herbe les vis grossir jusqu'au toucher
Quand le courant massif les emportait dans mon dos
Pressé d'un plaisir mêlé d'effroi
Vertige des proues et des quais
(J'ai toujours mal aux tripes des navires)
Diabolique chanson des chaînes et des hommes
         Par milliers multicolores
         Ils se suivaient tels des truies
Empiffrés de ce qui me parut de la grasse camelote
Armada marchande hétéroclite
Longs bras d'un corps dynamité
Guidés dans le golfe par des cochonnets nerveux
         Buvant ma peur à longs traits
         Me retournai enfin
Les monstres s'engouffraient dans une crique
Pour jouer à la ronde des cailloux
         Le rossignol ne s'était même pas sauvé

P.S. Canalisation du Saint-Laurent, Longueuil

Baigneuse

Je chassais le hibou
Avec je l'ai perdu
Il y avait assez d'eau
Pour que j'oublie si tu nageais
À la chasse de plumes d'eau
Me suis noyé bredouille
En ton rire qui s'ébattait
Étranges ces chasses à courre d'eau
Quand les dos n'ont plus de mains

Lévitation

J'ai mis bas la Fantasmagorie
Mais ce n'était pas là mon sang
Ces yeux Ce profil
Faciès de ténèbres
Le Fantastique fut le Colomb dégoûté du réel

Fantoche reprend ton vol
À tire d'irréel

Trépasse Va Mien
L'Humanité coule sur les côtes du banal
Et de la fumisterie
J'ai mis bas

Éclosion

Des vents répudiés le parsèment par delà soi
Et de s'effriter au biseau des attardés
Sculpteur sculpté
Comme ces nuages qui l'emportent un peu
Indolents comme un Octobre
En son inextricable labyrinthe
     Unique
Son araignée cervicale se tisse des toiles qu'il noue
Au fil les jours En aval les arbres
S'éparpille alors un soleil tamisé
Sur le parquet de la terre
Berger d'hostiles crevasses
Il bat le Temps Le mène devant lui
Le poussant d'un pipeau à l'amère salive
Gouffres gorgés d'un troupeau sans pâtre
     Tangue la danse de l'éclos
     Titube le pas d'un rituel scandé
     Avec le gong d'un épuisement

Le supplicié

Emphases des mauves sur aube blanche
Quand midi sonne ses six heures
Qu'un clair-obscur me redit le Nocturne
Ravagé de suicides épidermiques
        Un orage asexué
        A retonné le Jouir maculé de blanc
Gris trop gris d'hier
Sur la cécité de mes stigmates pluviales matutinales
Ventrifuge au front
Ainsi suis-je
Éole éole
Rappelle ravale
Ton troupeau de vents m'extirpe
Les amours crépusculaires
Que je ne veux pas souiller
Que sert à l'arbre de pleurer sa première neige
Si l'hiver l'a fait sien déjà pour le zébrer
De sa luxure ? Éole Éole
        Vents ocres à mourir sur aube blanchâtre

Mon baume

Avec des chemins en peine de leurs sentiers
Ébouriffés de sous-bois
J'ai tissé les mailles du Voilé
Fondu une armure
Trempée dans le sang de l'Invisible
Comme un bosquet de rire qui glousse
Ses pierres autour telles des bras
Mourant de loin si près de l'autre face
En angle de deux murs
J'ai dû mordre de mes ongles
Pour mieux me saigner aux cathédrales
De cette soif aux papilles de l'âme
Quand la mort elle-même se repaît
En des icônes de chemins ramifiés
Mon ombre chevelure de ronces
Effleure des temples qui se veulent mi-clos
IMMATÉRIEL
Mon baume empale-moi sur l'aile de l'air

Masques

Drapé de vanité
Vague et lointain
Jusqu'au palais de la grandeur
Je porterai ma face blême
Fière de l'écume des bêtes célestes
Frappées d'étoiles sont les nuits
Effleurées de joues creuses
Hippocampes sur la piste des galaxies
Flaques d'îles tout au long
Perpétuel miracle de la rosée à son herbe
Il a suffi d'une pluie à l'orage des commencements
D'un peu de pleurs se refait la larme pour sa peine

Saoulographie

Je me distille en de noirs alambics
À la ferme Volupté
Où l'herbe rosit
Sous pieds de filles
Sur tables Mongoles
Que martèlent des poings saouls

Cirque neige

Manège blafard
     Qui miaule grince
Avec un magnétisme tacite
Sous les arcades
Des Maléfices

Dis

Dis-moi chair
Tes armoiries ?
Ta marque comme sur les troupeaux ?
Ton sceau ? Ton signe ?
Ton tréma ?
Dis-moi ton âme ? ô accident

Legs

À l'Enfer
     Ses cendres
     Son sperme pur
     Ses orgies a-corporelles
À l'après-terre
     Son Plaisir

Un mal

Malaise aux pores du monde
Viol susurrant des fibres mêmes
        Pics sans canons
        Salves sans neige
        Bacs sans filin
Un mal de poitrines creuses
Remplies d'araignées en rut
Un mal de toutes les gares
Un mal au sang d'être rouge
Marasme de limaces tout autour
Ai mal au froid même d'une neige
Qui se meurt goutte à goutte
Mal d'un mal qui s'apprend
Mal dont on fend
Jusqu'au complexe d'être divin
Quelque chose d'une omniprésence
Un mal d'être

Poète-moribond

Gangrené des Puissances
Possédé du dieu Songe
Infecté d'un corps
> Inoculé à Vide enfin
> Quand l'Impénétrable
> Acquiesce à ses haltes
> Qui tournent à l'Horrible
C'est avec regret que je pleure un peu
Quand s'épand mon spleen
Par bâbord les chants obscurs
À tribord les quelques moi
J'ai rêvé un dromadaire à un Arabe sans Sahara
Lointaines mes verves
Hautain à ma propre larme
Pourquoi parfois ces soirs
Qui craquent de cabestans
Ces après chien et loup
Étirés aux sept mers
Puis aux aigrettes du soi
> Gémit le cabestan
> Tout pleure
> Envoûtés
> Nous appareillons
Ô ma Folie

II

Les instants rouges

Le Songe... ce beau Doute après l'Appel
Ce beau Risque au hasard dans l'Arrière-Chose

Éclat de rire soi d'un oubli de mort

Vertige violacé en sourire sur le rebord du néant
Trouilles monastiques

Érotisme à quai avant toute manœuvre
Au port du lit

À l'instant de l'air qui se recueille
Avant les facéties du vent dans ses rets

*

En beau vieillard sur le grabat des ans
Exhalait cette magie des feutres vieillis
Dans le donjon des siècles

     Il coula les Pouvoirs plein son village à
l'envers
     Pour en figer les nids

Il portait un souvenir en bandoulière
Pour ne pas l'ensevelir à l'article d'une résurrection

     Blême un peu plus ce matin
     Celui qui ne fut pas fasciné hier

J'assiste les mesquins que je pends sans sépulture

Ces mi-mort mi-souffle de deux heures au vent repus
Ces entre-riens où c'est l'Absence même que l'on tient
Souffrant de jouer à être à la mi-temps de l'existentiel

      Sortilèges Feuilles ballerines excitées
      Par le plaisir opulent d'un Automne maudit
      Été puni de rouge
      Feuilles recroquevillées pour avoir été belles

Je fais le songe fantômal des Présences
Horriblement pensives et déçues

      À l'instant du poète
      Qui saute le mur de l'Homme en criant

III

Au bout d'ici

De la mort aux fleurs fanées
Des dialogues aux pierres
Il y en a pour qui en imagine
C'est-à-dire pour celui qui en exige

Faire valser de vils brocanteurs
Quelques vies monocordes
Tient de l'héroïsme
Si on leur a fait faire la noce
Au-delà d'eux-mêmes
Là où les larmes ne sont plus que sarcophages du rire
Seules les voies du Dépouillement
Vécues en Étranger à soi-même et au reste du monde
Feront de l'être un héritier
De l'Apothéose finale dans le royaume des Simples
Seul Étranger ou encore Élastique

Il est un Souffle qui bat
Dans les sphères du supra-sensoriel
Son empreinte est sur l'homme comme une guerre
Et si déjà on y a tourbillonné
On n'en revient jamais tout à fait

La lucidité incise les mesquineries de l'être
Par la désolation qu'elle engendre
C'est la seule qui se permette des tares éternelles
Ce qui se veut important
Aux yeux du civilisant à outrance
Est d'une infinie futilité
Et de voir tous ceux-là
Foutus de visières
Devenus berlines
À ressort écrasé
Il n'y a de vrai maintenant
Que le démon du mal adapté
Il aime
Implacablement
La Multitude tient de l'Impénétrable
Comme le secret des grosses malles
Dans un arbre il y a son savoir
Bien plus encore que l'écorce
Ce qui crée chez moi le mystère des bêtes
C'est de ne plus les voir lorsqu'elles s'endorment

Vivre comme un papillon porte une rançon
Soit celle de sentir se consumer en soi
L'instinct légué par les bêtes

Par la perpétuelle bêtise de sa raison
L'humanité se cultive un contre-poison dans la Nature
Inconsciemment

Nous appelons intelligence
Le peu d'instinct que nous avons
Quelques éternités d'automnes d'hommes
N'auront pas suffi à leur réapprendre
La candeur des grandes sénilités
Blanches jusqu'après la fange
À l'essentiel... Toutes... Dommage...

Demain a pris tiare sertie d'absurde
Son regard d'encre sur le monde
En a fait surgir l'homme
Blanc de son sarcasme
Fier de sa révolte
Il est d'ores et déjà
Le plus sûr placement de l'homme

Il est inexistant
Son rire seul colle au quotidien
Il ne forge pas une humanité
Mais bien sa gloutonnerie
Le paradoxe dont il procède
En fait quelque chose
Qui tient du nain

Ultime pétrin
Six millions à la fournée
Quand les champs
Donnaient leur plus beau blé

Il ne faut pas parler de l'Enfance
Sans digérer Abandon

Il n'y a personne qui puisse comme l'enfant
Circonscrire un drame
Et le digérer comme lui
Dans le secret de ses retraites
Par son jeu il est l'acier
De nos masses en qui le doute se meurt

Une certaine indifférence
Est aux sources mêmes
Des volcans
Et des crises d'enfants

*

Je crois fermement aujourd'hui
Que la sublime puissance d'une poésie vraie
Au fond de l'air
Ne suffoque jamais
À cause de la tragique vulnérabilité de ses fluides
Grain qui porte tout son désert
Détruit... Son sens demeure

Quel poète n'a pas la sclérose du dieu
Le mal inextricable de magistrales chevauchées
D'où il ne faut pas tellement revenir ?
Qui ne jouit pas de payer la rançon des Songes
Par d'atroces hivers du tréfonds ?

IV

Masques

Sœur Nature boit tout l'été puis se refait d'un
   Automne
Fanée en son corps comme l'ivrogne
Lumineux de sa saoulographie Pologne blonde et
   sans fard
Les ossatures de l'acier traînent la Simplicité
Dans les barbelés de l'épouvante

L'olivier s'effile parce que le peuplier se tord

À chaque lit l'ébauche de la Grande Plaie

                              *

À Icare le temps du plastique le roulement à billes
Aux grincheux

Brèves amours comme bouées à la dérive d'un fleuve
Qui n'ignore plus ses naufrages

Siècles en devenir comme pucelle ennuyée jusqu'au
   miracle
L'Émeute n'est pas de la terre
Mais bien de ce qu'on attribue à la terre

Ne serait-il pas question de vertèbres avec un machin à âme ?

Seul l'Émoi transporte sur les cratères de l'Impassibilité

Verrais-je jamais l'ultime de l'homme se muer en bouture
Pour l'Homme jusqu'à l'extase de pourrir ?

Gravé au couteau sur la terre-mer éternel d'être
À l'instant effacé ce grand graffiti de pluies
Message de glandes inhumaines désenchantées

Seule l'Enfance se permet le jeu des Présences
Elle mettra son plus bel habit pour la fête d'un absent

*

Hiver   âpre lime des tiges au complexe du blé
Brun à en crever décoiffé d'une prime moisson
Hiver   gelée monotone grand fruit blanc strident
                              lèpres èpre
Par la seule compassion des herbes
Le Soleil ne verdoie pas quand il les brûle

Pour la ronde de cuivres ébaubis de leurs clous

Villes pile ou sac qu'on risque sur des feutres pourris

Des béquilles-Babel pour les frontières infirmes

Et les murs lançaient leurs pierres aux maçons de
    leur dégoût
Et de percevoir ces odeurs de cithares
Que des enfants fous répandent comme une excuse
Quand croule le Silence sous carcan de honte
Sombre époque de ventres cervicaux
Maléfices d'un soleil masqué inspirant des trans-
    humances
Aux troncs qui s'enquièrent à leurs vigies dans les
    hauts
Sous l'ébriété de vents verts

Pourquoi les angles de nos noirceurs
Se harcèlent de petits absolus ?

*

Bonjour Seigneur dans vos Indes
Bonsoir dans votre déluge

Et d'aimer la bête en ce qu'elle n'aura jamais
Joué à l'âme
Quand elle renie son sang
Et part en chasse de son dieu

Un papillon vu de côté découpait de sa perdition
Sur l'acier des strangulations

Je ferais pollen mes songes

Étranges veilles de l'aube sur les pétales qui se
    méfient
Fébriles oublieuses des sœurs fanées éternelles

Les vignes venaient par bandes se déguster

Tant de Beau indifférent décompose
Faste coulant entre mon souffle
J'ai l'hémophilie des saisons

Sur les fresques sonores de temples en marche
Bruissent des cavales emportées de bêtes que leur
    malédiction poursuit

Se tissent des arabesques au fil de l'air
Telles des foetus mal espérés qui griffonnent
    l'immuable

*

Quand les cloches se rient de l'obscénité à leurs pieds

Mer efflanquée à l'autre paroi du monde qui se
    pavane
Opale comme fille d'alcool derrière fumée de
    chanvre

Ne laissez pas épingler l'alouette si près du ciel
Par les grains d'un plomb froid

Douce cacophonie
Sur ces spires où défilent des hippocampes en armes

La lune arbrait comme si elle avait bu

Pierre lancée qui énerve tout un lac
A déjà déréglé la montagne où tu l'as volée

Il n'y a que presqu'Homme

Toits impersonnels comme inconscients de l'antre
Abris pour marchands gras Villes viles

Je vous ai amalgamé colombe et aigle
Sur des couches impérissables
En un volatile hors surface

Éperdu jusqu'en ses cartilages l'Automne
Tacheté comme dos de faon
Se confond de rouge en neige

L'Astre conspire avec la paume calleuse
Des mers aux rivages gourds que les marées butinent

*

À rebrousse ciment... Horizons émasculés
Repus mis en branle
Le sang n'a pas dit oui n'a pas dit non
Et pourtant nous le répandons

J'ai consumé l'Odyssée de ses sept charmes
Tandis que des enfants nus
Enchantaient des pipeaux moqueurs

De par ses pas perdus sous-cutané de l'ombre
Le rôdeur roule la lune autour de sa terre

Le fleuve insoumis passe en revue la vieille garde
De ses berges avec l'acquiescement narquois de faîtes
    nus
Foule hilare au parcours de son guerrier

Des érables trépassés m'entretenaient sur les ombres
À la dérive pour me traverser la Nuit

Et le dieu pastoral de me prendre sur son genou

J'ai mal à la douleur d'un long métal dépaysé

Le cadavérique porte en lui maternel
Le baume d'un Épuisement

J'ai mis à sécher quelques figurines pâles
Pour m'épier les Pentecôtes stellaires de songes sans
    retour

                            *

Il y a traces d'un pacte apocalyptique
Pour le destin du creux de l'être au grenier des
    mondes

Et de vierges atomes comme en débauche sous ciel
    de lit

Un ramage pivoine autour d'abeilles au vol torse
Saoules à tire de jaune sous l'aile d'un six heures
Qui voit ses sous-bois striés de volatiles

J'ai mis à mort les épitaphes à deux tombes
Avec la haine d'un sans sommeil

Ce jour-là à Capharnaüm le Misanthrope se penchait
Sur le sommeil des escargots

Au cours de fouilles
Des argiles rouges signaient des contrats-muséum
Avec les poulies des groins-trafiquants

Il rêve vitalement n'a pas le temps d'ici

On se gargarise de la mer qu'on a bien voulu saler

*

La mer retournée montrait sa terre sans corset-rails
Nous mijotant une ruée du corail

Et ces eaux que des lunes ventousent
Pour que les algues aillent au marché à marée-vent

Vous sommes épiés

Alchimie ma sœur allons jusqu'à l'inceste

*

J'ailleurs
J'acier
Je caïman
Et je pieds Nickelés encore

III

Les Mondes assujettis
(1965)

I

Dolmens envolés

En ce lieu de mer
Je me prends à penser
À tous ces anges éclatés
Que furent les dépuceleurs
De terres soumises
Nous leur devons
Chaque geste
Chaque sel
Tant de beauté indifférente
Nous leur devons peut-être aussi
D'avoir mal d'être ici

Le passant

Le soir se brume
Sur les toits impersonnels
Que des volutes poursuivent
Mon pas catafalque
Dans toutes les voix du jour passé
Que je tue en les renommant
Passant que je suis...
J'ai tout dérangé
J'ai tout refait
Pourquoi faut-il
Que je dorme seul à l'aube ?

Sous le lit

Deux anacondas
Jambaient ses jambes
De faon
Leurs yeux
Lui donnaient
Des seins de corail
Ses arcades
Étaient muscat pa
Paprika

À Tombouctou

Il habitait la cabane en torchis
Qu'il avait gagnée
Sur la route de Tombouctou
Au cirque de Pluton
Ses fils
Les pierres
Collectionnaient avec agilité
Depuis un soleil
Des spectres
D'alligators mythiques

Il savait
Qu'il avait un puits à lui
Après deux siècles l'a trouvé
Margelle n'a pas voulu danser
S'est miré dans la vase du fond
A planté un caillou dans la chaudière percée
La corde a cassé avant de le pendre
A gratté un peu
Trouvé une souche un trésor ?
Une pelle
Il est reparti
Son souffle sur l'épaule
Dans la lune
On aurait dit une sculpture

Marine

Il avait prêté son monocle à Neptune-fils
Pour faire l'amour à la princesse des Atlantes
Au fond des coquillages qu'il s'était mis de côté
On ne les a jamais repêchés
Même pas au Liban
C'est que le comte
N'avait pas la complicité des sables
Qui vont aux nouvelles à marée-vent
La mer babille beaucoup
Quand elle revient de chez les poissons cloîtrés
Ils ont fait des vœux mermétuels
Je discerne parfois
Leur monasmer

Aqua mafia

Le long de la barque
Pendait ma main en mer
Un requin gentil me l'arracha doucement
(Ne souriez pas il était gentil)
Mais moi je ne l'ai jamais été
Je l'attrapai à l'hameçon ailé
Nageai dessus jusqu'à la berge
Éventrés
Sur une plaque de cuivre
Le long des côtes
C'était écrit : *Tu as les ongles sales*

Réincarnation

Ou l'enfant près du canal

Qui dit Dieu mort
Quand il y a encore
Du chewing gum ?

LA DANSE PARTIE

Tout le monde en place pour un set !
Hongkong
Vous y êtes ?

Poème nucléus

La La La / La La
Lavabo en daim que peignent les femmes nues
Avec des serpents au ventre
Laï Laï
Laï
Bz bz bz Bleu blond bleu
La Syphilis est une étoile mal aimée
Le dentifrice des ghettos
La La La / La La
Chameaux-cocaïne à Bethléem
Joseph faisait la contrebande avec Balthazar
Dieu n'est pas un mauvais receleur
Est-on jamais sûr d'une vierge ?
La La La / La La
Pour l'ivrogne qui voit des bibittes
Pour le loyer de la crèche
Pour l'attente des Atlantes
Pour la mort de Behan
The magnificent Dubliner
Pour les vaisseaux qu'on spatialise
Avec des chiens fous
Pour la faim en Papouasie
Pour La La La / La La
Je voudrais pleurer un peu
Mais j'ai l'éclat de rire éclaté
La La La / La La

ES

à R. Connolly

Ils étaient deux
Fous côte à côte
Parce qu'ils en avaient décidé ainsi
Fous côte à côte
Amis mi mi
Conquistadores
De l'Arrière-chose

Convergences

Je suis à la seconde
Où les galets se retirent
À petits sauts
Pour aller faire étoile à leur tour
Bénévolement
Comme tous ceux qui ont compris
Avec une charité d'océan
J'aime les retrouver
Bouffis
D'une nuit éclatée
Au Tourist-room sidéral

Fichier

Lui est aux femmes
Lui est aux hommes
Femmes béantes
Hommes roses
Vice Verse-moi à boire
Versa
Mon cheval est aux bœufs
Mon oiseau aux girafes
Et moi aux cli...
Je préfère mon chat
Il est aux avortements

*

Elle avait
Une subtilité
Marine
Presque fluide
J'ai joué avec tous ses coquillages
Jusqu'à marée basse
C'était
Comme beaucoup d'autres marées hautes

96

Orchestre afghan

Cetar yé ya Daïra Delroba
Dans l'Harmonia Ritchak
Robab Sorang Santour de Tabla
Tambour tant que tu pourras
Zerberali
Bahor Pancheri au Loggar
Dans la cité de Kaboul
Chez la Farah
Femme de Kandahar
Chakhansour
Herat
Le chien a mordu le facteur

Au cimeterre

J'ai revu au a-hasard
Des monuments
Tous les radis qu'ils ont mangés
Et les cacas innombrables
Qu'ils ont coulés
Pour bâtir un château gigantesque
Jusqu'aux étoiles allergiques
Aux pets de bière
J'ai frôlé la tombe d'un frère
Me suis demandé à quel point de putréfaction il en
    était
Six pieds plus haut
Non c'est faux faulx folks
On les enterre à cinq pieds
Six pieds c'est plus impressionnant
Pour ceux qui paient le trou
L'industrie de la mort est à la hausse
Tez vous
Hâtez-vous !
Tétez tétez
Le Nirvana

Proverbe en MI

Il suffit
De la moitié
D'une femme
Pour prendre
L'avion
Avec
Une
Machine à coudre
En bleu

Poèmes percés

Tandis que les fluides de la mer
Agacent les rivages-dieux
Je pense à l'Homme
Qui leur ressemblent

Les vagues ont des yeux de femmes
Avant de s'endormir
Elles ont toutes comme des orgasmes
En petits geysers

La mer n'a pas de complexes
Elle en incise sur le cosmos

Pen-ta-grue

Ingurgiter
Quelques steeple-chases
Assaisonnés de rigatoni
C'est très beaucoup indigeste
Surtout le sabot de l'Italie

*

Elle avait le sourire Taj Mahal
Sur l'autobus
De ses deux hanches sautées
Pas tellement chatouilleuse
Que locomotive
Quand je la montais à heure dite
Sans avoir perdu le temps
De regarder la Longine du désir complice
Bien souvent à l'heure avancée
        La planète est truffée de morpions
        Elle tient par un certain masochisme
        Elle ne se gratte jamais !

Poème nucléus

Ramenant
Ramuze
Sur un cancre musée
Rantanplan
Pline Pine
Z zifié avec des sons
Tonton macoute
À ici
Aici zzzzz

Mots avec boucles de bouches

Sycomore	(beau mot)
Sen-Sen	(pas chinois)
Sacrament	(mot sale)
Si mon moine	(mot hypocrite)
Sein	(mot équivoque)
Synopsis	(mot grec)
Sainte-nitouche	(mot rosé)
Sans	(mot égoïste)
S	(général juif)
S-S-S-S	(orgasme)

Sur ma table

Les labyrinthes des bruns
Sous les verts des huit
Qui ne mouchent plus
Ces blancs sursis
Et Dante Dantès
Comédifions
Et comédons
Sur les queues
Des rats allumettes
Et psh psh
Cuirasses scarabées
Dans les antres oasis
Des noircis parce qu'il faillait
Pauvre Pologne yé yé
Québec en rut

Outre-terre

Vagues rutilantes
Dans les havres à sac
De longueurs d'ondes sans fin
Que suivent des bicéphales délinquants
Oh que j'aime les cargos et les petites filles
Je leur voudrais des mâtures
Dans la chevelure
Et des seins insignifiants à la proue
Comme des girouettes statiques
Dans le vent vicieux

Entre-deux

Être monde au seul
Et être mon dos seul
C'est pareil
To be or not Tobie
Il faut prendre les aveugles
Pour des chèvres de montagne
Sifflent les buildings
Aux aubes magnifiques
Six hrs.
Heure sublime
De mon pas hagard
Quand le jour
Ne s'est pas encore décidé
Suspense
Elle était tellement femme
Avec son Mongol par la main
Je la vois encore par cette fenêtre
Où je buvais depuis une Éternité

Dans la cour

Orphelins au coin des nonnes
Nein   nein
Ninnnnnnnn
Qui orphanent
De rires éclaboussées
Au fond de leur gorgette métal
Ils papillotent
Comme des rois en exil

Baignoire

Pianos
Que des glaises s'amalgament
Fondants fondananan
Pianos lépreux
À qui la peau échappe
Jusqu'aux harmonicas qui n'ont plus de main
Ni de son sans ivoire
Un bâtonnet est la seule défense
D'un roi d'orchestre
Contre les tympans
Despotiques
Jamais Africains

*

J'aime boire
Avec tous ceux qui animent les cités
Qu'on scrute de loin
Voir tous ceux qui sont derrière
Au-delà des sons qui nous emportent
À l'échelle du Temps
Drills Porky pig
Talons qui passent sous un homme
J'entends les verres
Qu'on brise par dépit
En Allemagne ou au Liechtenstein

Poème en passant

Sur la comédie humaine

Motel	Steak
Steak	Motel
Motel	Motel
Steak	Bis

Suite pour défroquement en sol affamé

Eroica de carton

Les yeux moins yeux
Nez Doukhobors
Coin joue luminaire
Le coccyx est un fond de cou
Sol major Eroica Bee
Cheveux cerne-Temps
Par la pointe d'un menton tempe qui n'a pas
    révolvoré
Ça n'a pas l'épaule Beethoven
Ni l'arrière-réflexe éclaté
Mais sûrement un nez qui nez
Jusqu'aux *nours* qui m'ont tellement fait rire tout
    petit
J'ai ridé ce front mien en jouant aux billes
Parce qu'il fallait vaincre perdre et pleurer
C'était ma guerre
Combien guerrent et n'ont plus la larme pour pleurer
Pour crier aux chimpanzés de se fâcher
D'avoir une chacalité humaine Eroica
(Lili Marlene sifflé)
Revenir à ce qui n'existe plus
Je suis encore d'ici pour l'éclat de rire dimensifié
Perpétualisé État d'éveil ? Peut-être...
Là où des cravates d'ailleurs
Seront au cou des hippopotames autrement

Louisiana

Nouvelle-Orléans sans âge comme lichen
Avec ton fleuve brun
Que sillonnent des noirs à la vodka
Avec tes filles d'hier
Concierges maintenant
Qui écoutent aux portes
Pour voir si ça n'aurait pas changé
Jackson Park et ses peintres de camelote
Vieille Orléans
Avec tes bars qui ne ferment plus
Bason Street
Et d'humer ces restes de fille
Au fond de mon lit
Quand ça sent Kéops ou quelque chevelure
Amazone

Vers mauvais

Un menu criquet brandissait la Science
Comme un fœtus en paille

Il n'y a pas d'euthanasie chez les cocons

J'ai vu toute la terre
Dans un dépotoir magnifique

Vers mauvais
(suite)

Le corail est une lèpre que la mer cicatrise

Destroyer romantique
Sur l'océan sempiternel

Après l'amour il faut se rhabiller tôt ou tard

Tout ça ne vaut pas un tour de faim à Saint-Chine
(Air connu)

Ciment

Sur la piste d'un agent d'insurance radoteur
Trois salutations d'arbres se sont tues
Parce que je n'étais plus en mon dos
C'était sur le trottoir des boas en redingote
Les pelles mécaniques pétaient
À bâbord du trou
À l'avenir emporte ton vent
Le mien vieillit
J'ai vu la lune à poil
Dans un carton d'allumettes ombiliqué
Ressac d'odeur
Mes semelles cimentent les quatorze livres sidéralis
Que porte ma chevelure
Tout ce que l'on tue est débonnaire
À l'avance et pendant
Quand l'homme se sera-t-il assez décomplexé
Pour parler scarabée ? Piste d'un agent d'insurance
Elle était assise sur son arrière-train la fille
C'est alors que j'ai résolu de la prendre
Asphalte nec plus ultra

Barbotte nucléus
ou Deauville

Et le mastodonte ailé a empalé
Sa cavale en fonte
Sur les pattes d'une hydre flegmatique
Qui regardait passer les ballons
Soufflés par la poêle à frime
Deux nonnes mongoles
Suèrent le péché
Des rues de pique entre les poils roussis d'une goulue
Couchée sur le tapis vert à deux seins du croupier
     aveugle
Une défense de stationner
Pendait à son cou sans lunettes
Avec une braoûle bleue
Je cueillais les semences des joueuses inter-cuisses
Au troisième jour quand je re re re lançais
Le tout blanc dans la roulette
On me pria avec envie
De passer à la grosse caisse
J'avais gagné un bain
À Lock-Ness
Sur un canard en plastic

Tic

En plein cœur des montres du Temps-presque
J'ai traîné mon horloge Péloquin
Jusqu'au sautoir d'une breloque
Qui ne sait plus ses clowns
Silence gaufré d'une bure
Qui traversa le pain et les âges
Quand pour seul bruit
Il y a l'air qui passe le temps
J'ai silence même
À moi les réverbères en fût
Ver luisant et boîte à moineaux

Statique

Il était perché si haut
Son vol à l'oiseau
Arrogance de l'aile
Despotisme de plumes
Icare tu as manqué de Foi
Oiseau accuse Homme
De s'avionner
Pif Pif
Complexe initial
César en cymbales
RÂ...

II

Songes en craie

Songe en craie

Quand Roland obtint sa jeep
De l'armée d'Abyssinie
On le mit sous l'interdit ding dong
Suivant et cruel :
Tout sport violent que ce soit le matelas
        (aiguille en fil) ou encore
La mise en boîte de votre légumineuse
Colle à ombilic... vous est formellement permis
Alors Roland entre chez les capucins Grecs
Avec une trompette
Bosselée comme par des piqûres d'Abysses
À sa ceinture comme trophée érotique
Deux orteils de femme du grand monde
Elle s'est faite beachcomber avec ce qui lui restait :
Quelques poils aux seins
La protégeaient du soleil à poil lui aussi
Roland mourut en convulsions
Une nuit sans clair de con
Après une visite de son con
                    Fesseur
                    Fessier
Je fesse il fesse vous fessez
Nous anusons

Autre songe en craie

Trois rats de béton rattaient le long des c... de Napoléon qui teignait son étalon en plomb.

— Hé ! là-bas, échanson, j'ai soif. Remets mon sabre dans les oreilles du fauve, c'est à boire qu'il nous faut (bis)...

La mort est une brocheuse de papillons en caca.

Autre songe en craie

Quelques plâtres psychopathes
S'empiffraient de gourganes ailées
Au son d'un olifant en ciment jaune
Dans la barque d'un Psychopompe
Qui n'était pas apoplectique
        Tout autour des Derviches sacraient
        En lisant le Talmud
J'ai oublié ce que Palide signifie ! ! ! !
Tabanac half
Les United States ne sentent pas l'oliban
Mais sont des monales en clisthène
Confer Tintin

Autre songe en craie

À la barre suffixe
J'ai pratiqué
Quelques entre-chats Rebel
Dominic
N'avait pas l'inspiration
Béternel
Comme donolo
Dans le pétrifond
Alesund n'est pas Aarau
Aaron n'était pas marin
À Aalborg
Ali Pacha n'a jamais bu
À Abadan
Chez Abd-Allah
Qui n'y était pas

Communiqués dans un kibboutz

Des tortues négatives
Ont rongé Pise
Épargnant la tour
Pour les œufs
Là au moins
On ne les fera pas sauter à Christmas
Aux Mégacons

Un morceau de pain
Est parti hier pour le Yucatan
Emportant un sac de mamelles suaves
Les Indes ont payé le retour

Deux songes de carton

J'ai prêté mon pantalon à quelqu'un
On m'apprend un peu plus après qu'un épouvantail
    galactique
Avait fait le malheur des étoiles trop naïves

Cet homme avait l'esprit jugulaire
Il chantait tous les Temps
Le son son sang
Les seins de Caspina
Son unique Transvaal

Autre songe de craie

J'ai galaxie d'une femme
Aux yeux stalactites
Elle a des poux en robe de chambre demain
Mais je suis un galet de loin
À bâbord du Rhône bouse géante
Avec tout un hangar de remèdes
Une momie en pain d'épices
A dansé le vite avec moi dans un bain-marie
J'y avais trouvé des tire-roches de cloportes
Trois directeurs de musée aux airs de vulve
Les ont refusés
Enroulés qu'ils étaient dans un pneu
Je crois qu'ils chantaient ce refrain :
        C'est le fruit de notre brun... schizophrénie

J'ai rêvé à des papooses en chocolat
Au jour J J J.

III

Récits d'ici

Fiction réelle

I
Les mondes assujettis

Le Cosmos a été arraché par en haut et coupé en
   deux.
Les tours étaient unes ; les créneaux c'est après.
Fallait bien trouver un mot d'explication.

II
La portée de Nazareth

Dans un silo oublié
Il y avait bonhomme
Sur son chemin d'alambics
Et un bœuf d'Espagne
Qui sentait les foules et le sable
Toutes ses corridas autour du cou
Puis un âne porteur d'eau de Pâques
      Et le boucher
      Le cordonnier
      Le greffier
Semelles pour aller porter sa peau à la potence
Il y avait bonhomme
Et sa vieille sans sein
Allaitant un chiot sans bruit
Bonhomme disait :
      La chasse sera bonne
      Le Flair aquilin

III
Autre planète

—La charge !
de s'écrier la presque fourmi.
C'est alors que toutes brandirent leur Platon !

IV
Conte parti

Parce qu'il raffolait d'Opale, des groseilles et des porte-avions, parce qu'il voulait aller plus loin, parce qu'il désirait pénétrer dans le Nirvana de l'Enfance, il partit au désert. Sa femme l'y suivit à son insu avec une expédition qui questionnait les nomades. Enfin on apprit à une oasis qu'il était passé deux jours auparavant dans une jeep. L'autre caravane qu'ils croisèrent leur parla d'un blanc mais à pied. Quand on retrouva ses pistes on dut les suivre encore longtemps. On ne remarqua rien d'anormal ; mais après un moment on découvrit que ses traces s'altéraient étrangement et s'irrégularisaient. Deux jours plus tard on ne suivait plus que de très petites pistes, presque de bébé, entrecroisées des traces d'un échassier quelconque.

Quand ce ne fut plus que des pattes d'oiseau les porteurs s'enfuirent ; elle continua seule. Au bout de ses forces elle retrouva un jouet ; il s'était sûrement envolé.

Il croyait !

V
Le paraclet en peau

On choisit à Madagaskid un homme à l'esprit très supérieur. Par un procédé très poussé on lui greffa deux séries de plumes sur le dos qui étaient actionnées par son système nerveux et certains pouvoirs auto-suggestifs.

Après plusieurs opérations et exercices il s'éleva dans une cage à quatre pieds du sol. On dut lui construire des cages de plus en plus hautes. On nota dans les diagnostics qu'il refusait de plus en plus de descendre. À sa dernière descente on constata avec horreur que son langage n'était plus que guttural qu'un bec allait se prononçant et que le reste de son corps se couvrait de plumes. Mais son intelligence semblait intacte ; par écrit on tenta de la convaincre qu'une opération était indispensable pour le sauver. Après un refus catégorique il s'éleva au haut de la cage.

Quand un hélicoptère s'approchait il battait des ailes jusqu'à se blesser. On résolut alors de le laisser dépérir petit à petit dans sa solitude ailée.

Il restait suspendu au haut de la cage émettant des cris très aigus et, chose effarante, il éprouvait des états de transe recouvrant la parole et priant. Il mourut d'avoir trop été oiseau. Deux jours avant son éclatement on avait retrouvé une langue de feu qui avait pénétré le sol.

Tous les savants en avaient été frappés d'épouvante. On enregistra trois mille cas de conversion en une heure.

Aurait-on réussi à créer quelque chose d'un autre esprit saint ?

Récits d'ici

Dans une église du XVe siècle dormaient des icônes
en relief. Derrière l'une d'elles j'ai
découvert avec stupeur
les plans d'une auto modèle 56...

IV

Danses ailleurs

Il a suffi de quelques fous de Bassan
Pour que Colomb comprenne qu'il fallait...
Je ne sais pas si tout est à sa place.
Les anges ne sont pas businessmen.

*

Et de se faire sculpter les dents
Dans des cimetières habitables
Notes déguisées en petits bateaux
Appareillant bien loin de ma portée
J'avais une quinzaine de quelques choses
Mais je les ai croqués avec Sargasses
J'ai incendié la place Rouge
Avec des conifères blanchis à la chaux de mes
    envolées

*

Si tous les gens savaient
Jusqu'où « il vient de partir »
Peut aller
Qui dit comprendre en sachant sans rémission
Que Cum-prendere veut dire faire corps avec ?
Nabuchodonosor avait-il le brun normand ?
Mon cirque a vu des chiens savants
À l'acétylène et des criquets en diapositive sur nuit.

*

Je suis un mille pattes unijambiste
J'éclate tranquillement
Comme une belle putréfaction dans un sable refroidi...
Je crois en l'homme point...
Une heure moins...
Et de conduire un gros camion de peine pas d's...
Les locomotives sont Libanaises

*

Rageur il se creusait des tranchées
Avec une locomotive
Il l'avait empoignée aux roues...
Une seule goutte d'eau
Remet toute la Soif en question...
La bilocation existe :
Je suis porte et building...
Je veux une planète en Stainless steel...

*

Je hante les Titograd et les Brasilia
Avec tous mes éclats de Rire...
J'ai regardé la mer
Avec une araignée longtemps noire...
J'ai le goût d'écrire un poème...
Il y avait bien six ou sept
Grands chevaliers
Dans la majesté des bas de soie...

*

On a vraiment faim de ce qui s'imagine...
Il est très tard
Par fidélité M'Sieur
L'escalier de service...
Avec une aiguille j'ai cousu les poteaux
De clôture ces pièges à champs...
À grands coups de Futile...

*

Coup de brique sur pied
A re-situé
Le Japon tout entier
Ne crie pas tu vas faire mourir mes tomates...

Je suis Z...
Le désert est une plage qui a souffert d'obésité
Un songe qui a éléphantiasé
Balayeuse
Deux jours d'alcool-presque
Et puis hop un building...
J'ai pris tous les monorails de ma brosse à dents...
Sur un porte-avions ions ions
Ils jouaient ouis
Aux cartes avec des cerf-volants lants lents...

Dodo

Habitués du faubourg à la mélasse
Buveur X de Munich pansue
Prisonnier libre en Espagne malade
Amants d'Afghanistan
Potier du Pérou
Camion mort à la guerre
Et qui pourrit encore
Enfants-holocaustes en Inde-loque
Oranges cravatées
Putain en mal d'amour qu'on entôle
Alors qu'elle rentrait à la maison
Rat qui prend son câble en héros
Jusqu'au quai inconnu encore
Soif des Hoggars blancs
De trop d'hommes bleus
Perles des nombrils sonores
Qui dansent et se donnent
Pipi cosmique des pissotières de Chicago
Avec tout, avec oncle Joseph
Avec ceux qui rêvent au golf
Avec le plastic, avec mes fesses
Je m'en vais me coucher aux enfers sur mon pogo-
    Styx

IV

Manifeste Subsiste
(1965)

Préface

Pierre angulaire des distances

Sorte de race savon imprenable

Ange par erreur

Situable de côté ailleurs

Âme obliquo-circulaire

Bond parmi tous ceux qui n'ont pas été faits

Race cruciforme sans aucun calvaire

Note

Plusieurs des chapitres exposés sembleront s'en tenir à la surface sur certains points ; c'est voulu, de même que cette sorte d'attitude énigmatique. Subsiste se doit d'employer certains mots maintenant en attendant de les remplacer par les termes presque définitifs d'un autre Langage. La suggestion est ici de rigueur. Subsiste est semeur. L'ère des explications méthodiques et des « tout dire » est périmée. La suggestion est oracle.

Autre note

La planète est malade

Subsiste n'est pas médecin

Subsiste est charlatan.

Position et position

Subsiste exige de constantes pénétrations, obligatoirement blasphématoires et gratuites, dans l'Interdit, dans l'Autre Dimension, pour toucher cette Terre de liberté, ce Grand Directoire, cette force uniforme, cette dynamique statique, ce règne de l'Arrière-Chose, là où tous les systèmes se noient sans eau. Esthétique de l'Air sur les choses ; le cosmos et l'etc. sont recouverts d'un grand film, d'une couche imperceptible comme mets qu'on a voulu préserver dans l'attente d'un festin où l'on boira tous les Secrets. Le réel comme entendu jusqu'ici n'est qu'utopie ; l'Autre Réel existe en-dehors de tous les concepts périmés, et ce, dans son entité, hors de tout sauf de lui-même qui n'est pas non plus tout à fait. Rien n'est. Un doute spontané et généralisé est aux sources mêmes de ces pénétrations. Comme disait Breton, il fallait que Colomb parte avec des fous pour découvrir l'Amérique. Ceci pour illustrer cette attitude fondamentale de Subsiste, soit une co-existence continue avec le risque, voire avec la témérité.

Éclat de rire perpétué jusqu'à un non-rire qui rend perplexe jusqu'au miracle de créer.

Il y a une rançon quasi physique de travailler juste un peu plus haut que le cerveau, aux aigrettes mêmes de l'air. À ce moment-là on ne parle plus d'art malgré les résultats tangibles que nous manifestons. Subsiste procède d'un silence irréversible. Ces « résultats », dis-je, ne sont que la pure manifestation de ses pouvoirs d'Incantation.

Gangrène généralisée, Subsiste est incurable face aux prétendus remèdes de l'ordre établi et il ne dépend que de lui-même de s'en retourner de son Silence.

Subsiste ne veut rien piétiner et ne pense pas qu'il soit de son ressort de rejeter ou de ne pas rejeter tel aspect des mouvements de pensée et d'agir qui l'ont précédé. Ce par quoi Subsiste découpe sur ces mouvements, ce sont les moyens qu'il a, tandis que eux les découvraient. Il est possible maintenant de créer des mythes nouveaux parce que les symboles de l'Ailleurs nous sont de plus en plus connus. On peut désormais parler avec un langage qu'ils soupçonnaient. Voilà toute la différence. Il ne suffit plus de fondre sur une foule avec une arme pour faire acte subsisto-surréaliste, encore faut-il leur payer à boire ensuite. Subsiste part avec le bagage des temps passés sans jamais revenir ni retarder quoi que ce soit, sans même vicier un regard en arrière.

Il existe un autre langage à l'arrière de tout langage connu, un nom à l'innommable jusqu'ici, un autre cri jamais éclaté.

Subsiste se veut frère du paradoxe intégral et il accepte la contradiction flagrante ; liberté que d'avoir la force de se contredire, de faire des gaffes. Subsiste vit de la flibuste au sein des morts-nés. Paria volontaire, je n'appartiens plus qu'au mot *appartenir*. Force de penser comme personne d'autre, d'être à l'extrême centre de l'« art », là où il n'y a plus d'anarchie ni d'art, mais une sorte d'emprise blanche sans rémission, une plasticité formelle et révolutionnaire. Ne rien casser, tout est cassé. Subsiste arrive au point mort, au point de transit entre hier et toutes les brides abattues que nous portons. Subsiste enjambe à l'avance tous ceux qui voudraient faire son procès et sa situation avec les procédures qu'il leur connaît ; il est pro-illogisme. Il assume sans condition toutes les « erreurs » commises en son nom. Qui n'est pas avec Subsiste est avec lui quand même, quoi qu'il fasse.

Suture nationale et le reste

Hémorragie de la pensée

Influence dans les papilles de l'air

Éclatement totalisé

Imagination débridée dans les Rites

Honte sur vous, hommes de peu de foi dans les poèmes ! La poésie en est à la sublime Impatience.

Délivrée du faux ici

Une conscience de l'Inconscient

Une agence de Voyage

Héroïne de l'Impénétrable.

Sémantique du songe

Au depart il faut rejeter intégralement le sens que donne Larousse au mot *songe*. Ce n'est pas une « association d'idées souvent incohérente ». Un songe est toujours cohérent ; il est composé de faits et de visions très liés entre eux. Qui peut savoir jusqu'où il est flou ! Personne ne peut se permettre d'être catégorique dans ses parages ; il demeure un univers inexploré dans sa véritable profondeur. Quand je parle de Sémantique je pourrais tout aussi bien dire clefs du songe. On ne les possède pas encore à cause d'un manque de dégagement (éclat de rire), d'un manque de foi évident dans l'arrière-réel. Et pour enfoncer les barrières de la *réalité* et de la *substance* (Lovecraft) il faut embarquer dans le Songe par sa Sémantique ; on ne peut la toucher que par beaucoup d'Initiation et de gratuité en rapport avec l'Ultra Sensible. C'est vital pour toute survie des Puissances. Pénétrer la Sémantique du Songe c'est Subsister. Mais encore ici, cette pénétration exige une ascèse de base très densifiée, c'est-à-dire une gymnastique du supra-sensoriel complètement dégagé.

Toute l'aventure poétique ne peut se retrouver maintenant que dans les convulsions du mot-matériau dans l'arrière-réel (ici).

Le mot a sauté, il est désormais molécule en mouvement comme toute matière d'« art ».

Il faut que la poésie s'embarque pour le grand voyage des sons, des images inexplorées, des univers déconcertants et des idées qui n'en sont plus tout à fait, du matériau (quel qu'il soit) employé sous des angles encore voilés.

On ne possède plus, on n'analyse plus l'aventure, on s'envole avec, un point c'est tout. La véritable aventure poétique est celle qui ne se permet plus d'escale, celle qui se veut amalgamée à un Songe sans retour ; là réside l'espoir de voir l'homme délivré du superflu. C'est la seule alternative pour celui-ci de vivre Ailleurs (ici) et, libéré, de tenir debout par de constants sabotages des tabous. Le Grande Doute positif est la veine jugulaire de Subsiste.

Pénétrer avec irrespect là où tous ont toujours eu peur d'aller et si possible les y entraîner ; dans quelque discipline que ce soit.

Ce qui tient du poète aiguise avec lui dérange. *

L'autre poésie redonne aux Symboles leurs sens en les remettant en équilibre, éperdus magnifiquement. On a tenté de les assagir en vain.

Il n'est plus question d'être anti ceci ou anti cela, mais bien de l'avènement de l'envolée sans rémission et sacrilège.

Que ceux qui parlent de poésie engagée s'engagent, mais à cause du paradoxe flagrant qu'ils prononcent, je leur demande de se taire poétiquement.

L'ère de la poésie qui plaît, qui divertit, de la poésie témoin, de la poésie conditionnée par tel avènement ou telle évolution, de la poésie enfin qui n'en est pas, est révolue.

La poésie et tout le reste sont constipés par l'exploitation outrageante de sentiments et de thèmes déchus.

Par une myriade de faux poètes et par l'élaboration d'idéaux qui ne sont pas de sa mission.

Alchimie, ma sœur, allons jusqu'à l'inceste.

---

* *Les Essais Rouges*, 1964.

Les évidences

Il est à extirper de l'homme pour l'Humanité en course sur les éléments, comme un cœur aux battements jamais énervés. Il est tragiquement pressant de bâtir le Futile lui-même, de tout distendre, de lui donner une aussi forte sphère d'action sur le cosmos et sur l'homme que ce dont ce dernier s'étourdit en ce moment. Il faut avoir en très haute considération la force de la perte de temps.

Il est encore à extirper de l'Impondérable qui dort en l'homme un baume de l'esprit, un calme à la logique, une boutade continue à l'Important mis en cours ; ces derniers étant délivrés des « efficacité », des « trouvés », des « définis » et de « l'immédiat ». C'est dans l'impeccabilité que les esprits se froissent, diluent leur Simplicité et leurs pouvoirs intuitifs avec tout ce qui rampe. Pourritures que l'introspection et que l'aboutissement qui guette ceux qui osent trouver définitivement. Être imprudents pour avoir des tripes une fois pour toutes. Croyance illimitée dans le Futile.

Poésie et foi, essences de l'homme à la recherche d'un habitat où il ne soit plus étranger. Donc confiance illimitée en sa puissance de pénétrabilité, lui donner carte blanche jusqu'à la fin.

Au sujet du réel

Voyager porte même au-delà de l'imagination ; ça porte jusqu'à ces transbordements dans l'arrière-conscience, dans l'« infini » qui devient réalité pour qui a sauté de l'autre côté.

Grand Éclatement — Liberté.

Liberté dans l'ailleurs, oxygène vital, zones de la pensée où tous ont peur d'aller, liberté c'est l'état de grande Sérénité que ces lieux permettent.

Liberté c'est devenir Intouchable et tellement Vulnérable.

Non intégration de l'intégré.

Cosmogonie de l'Ailleurs (ici).

Tout gérer sans s'en occuper d'aucune façon.

Liberté dans l'appartenance à un grand Directoire, à un envol ici, à une linéarité immuable bien au-dessus de toute notion.

Liberté sous l'empire de l'Onirisme.

Le futur n'a plus qu'à choisir la passivité pour voir passer le présent avec le passé qui s'excite comme une queue qu'on traîne, la poussant devant soi pour éviter la peur du retard.

Tout ce qui a été, est et sera existe simultanément (Lovecraft).

Il n'y a que fumisterie dans les bas-fonds du faux réel, dans le dortoir de ceux qui ne sont plus que les dépositaires de leur peau.

Au sujet de foi

Personne n'a le droit d'ignorer de quoi l'Équilibre est fait.

Inconscience des masses sur leur responsabilité effarante.

Tant que tous ne seront pas le palier de conscience des phénomènes d'interdépendance, l'Homme n'ira pas plus avant dans le mystère des lois qui le régissent.

Il faut balayer les ombres en vue de voyages d'un peu plus haut que le cerveau. Grack parlait d'*appels d'air*. Subsiste croit fermement aux Pouvoirs qui unissent les êtres et les choses, c'est-à-dire à une gestion de l'Au-Dessus.

Son manque de Pénétrabilité minimise l'homme bien plus encore que la syphilis ou que les crimes de guerre ou que toutes les belles dégueulasseries dont il est capable. Heureusement que l'homme est encore un monstre, ça le sauve.

Ses complexes face au Don, face aux Pouvoirs d'Incantation et d'Envoûtement le diminuent atrocement.

Il est inconcevabie que par peur de prétendues « erreurs » ou « psychoses », l'homme n'ait pas une foi débridée en l'homme.

Ces forces sont d'un niveau infiniment supérieur à toutes les malformations d'ici. Elles résident dans cette linéarité immuable déja mentionnée. Si dix hommes décident d'altérer les notions de « chien » ou « d'espace » par leurs Pouvoirs respectifs, on constaterait sûrement des mutations effrayantes.

Les transbordements de la pensée sont devenus vitaux.

Le port d'une Confiance Intensive est de rigueur.

Il doit exister un trouble inextricable à la seule pensée d'être inutile.

Refus dans l'attitude

Subsiste est aussi porteur d'un refus dans l'attitude qui lui est propre. La moindre attitude ou le moindre acte à caractère révolutionnaire combattant l'ordre établi peut pousser toute la planète plus avant.

On ne nous embrigadera pas.

Les subsistants ne sont pas seuls ; la recherche et les réalisations déjà en marche les unissent. Leur petit nombre démontrera leur force à payer la rançon. On ne pourra plus ignorer les Subsistants.

Subsiste demeure, malgré cette guerre ouverte à l'ordre établi, porteur d'un sarcasme tacite face au cosmos et à lui-même (action latente) indigné sans borne mais à froid, à l'encontre de tout conditionnement.

Subsiste dénonce les complexes qui veulent que certains publics et l'État boudent ceux qui cherchent au milieu de prétendus échecs.

Subsiste combat encore la part gigantifiée faite au romanesque, aux arts décadents, ainsi qu'à tout ce qui leur ressemble.

De même que les fumistes qui trouvent ou ont trouvé.

La lutte entre les classes, l'injustice, la politique sont autant de problèmes qui ne peuvent laisser un être sensé indifférent. Mais nous ne croyons pas qu'il est de notre devoir ici de nous prononcer en faveur de tel ou tel système. Nous pensons sincèrement que, par les média d'influence, nous pouvons provoquer les mutations de l'Homme et du Cosmos. Chose indéniable, tous les ordres établis doivent être continuellement mis à sac.

Nous sommes dedans et dehors, et agissons parce que juste à côté.

Je dénonce :

Ceux qui font encore de l'art dénué de recherche.

Ceux qui détiennent les pouvoirs monétaires, les pouvoirs d'information et de propagande et qui opèrent au seul profit des retardés et de leurs adeptes.

Ceux-là mêmes qui sapent tout ce qui n'entre pas dans les cadres de leur académisme avili.

Tout ce qui revient.

Ceux qui retardent par tous les moyens les envolées dans les zones interdites de l'être. Il y a vraiment trop de gorets intellectuels dans l'Atlantide de valeurs qu'est cette terre-ci, lesquels jouent aux bonzes avant d'avoir été. Éclatez ou bien débarquez. Il n'est plus temps d'attendre les petites natures.

Je dénonce encore :

Les caniches de l'espoir faussé.

Ceux qui attendent toujours quelque chose de l'aventure des autres.

Les impliqués sans danger.

Ceux de la constante prévoyance.

Subsiste assume non sans cri l'extermination du fantastique que les « encore ici » opèrent par leur aveuglement et par leur peur de l'Inconnu. Ils ignorent les petits drames voilés, le futile des choses qui durent.

Ceux chez qui le Pouvoir d'Émerveillement est éteint.

Les assassins du réel, c'est-à-dire de l'ultra-sensible par leur indifférence.

J'exige des fouilles systématiques dans les bibliothèques des communautés avares, l'exposition intégrale de toutes les œuvres d'art qui dorment dans ces consacrés lieux saints.

Quand certains « malades » mentaux seront enfin traités comme des hommes, Subsiste demande encore l'exposition des œuvres que certaines personnes cachent ou même détruisent systématiquement.

Subsiste s'attaque encore à toute forme d'anonymat.

À tout ce qui se rattache de près ou de loin aux mots *utile*, *service*, *économie*, *satisfaction*, *gentil*, *divertir*, de même qu'à *talent*, *bonheur*, *paix et idéal*.

À la neutralité qui mine les circuits entre les êtres.

Aux tièdes.

Aux ventouses de l'esprit.

Aux vendus à eux-mêmes.

Aux paisibles de l'esprit.

Aux retardataires par suffisance.

Aux vieillards de tout âge.

À la pudeur sous toutes ses formes.

Les vannes sont ouvertes à l'anarchie positive.

À l'Insolite existant et à venir.

À l'Inutile.

Au haut Commandement du Possible.

À l'expérimental à tout prix.

Aux Mutants... dans l'Espace-Temps.

On dit de certains poissons des zones abyssales qu'ils éclateraient si on les remontait à la surface.

147

Il existe une sorte d'accotement sidéral ici. La liberté c'est de ne pas avoir à revenir tout à fait.

Subsiste a tenté de s'approcher des lieux de la Transcendance.

J'appellerais ces lieux : La Dimension Silence de Zones Sifflantes.

Entre deux éclats de Rire
Ils s'affaissa d'une vision d'éternité.

Avril 1965

V

Calorifère
(1966)

Le Rien accessible
(Préfixe)

Pouvoir de construire la seconde avec tout son superflu d'existence. Faire de l'instant un zombie, là à peine, oblique, immatériel et pourtant concret dans sa substance même. Saisir ce qui désincarne le Temps, ce qu'il a d'ahurissant d'inexistence. Mastiquer le Rien Accessible. Mourir de passer dessus, libéré linéaire. Perte blanche de Temps salvatrice par miracle supra-normal. Force déifiante de la Perte des Temps. Gastronomie de formes qui n'en sont plus d'exister excessivement. Acuité acuite au fond de l'air intemporel. Direction unilatérale de l'acte posé en rond. Vague de fond de rien, à passer inaperçue, malgré sa puissance destructive. Gestes avalés par le gestuant, parce que ce n'est jamais cela tout à fait, que ce ne doit jamais l'être, que ce ne sera jamais et pas, que ce n'est rien !

Le Rien est accessible au-delà de la cellophane, où tout ce qui n'est pas s'agite. Symphonie dans la foi de l'instrument qu'on a pas encore coulé. Dans la Magique. Liberté à fleur de réel.

Le moi d'essai N° 1

Arraché en vertical
Plus que verticalement
    Autrement...
Envol insonore
Jointures aux chevilles
    Peau en bloc
La terre pour ce que je peux en voir verticalé
Planète microscopiée
Autre-chose... Loin de mes talons hagards qui me
    suivent
Lévitation démesurée
Suffocation par drogues inviolées
Ma tête s'est détachée... A-ventrifuge
                    Je pense cou
                    Puis foie
                    Puis fémur
                    Puis il ne reste
                    plus que *pensée.*

Suis bien irrésistiblement
Ai mis fission endogène sur le Rien

Contorsions

Dieux sexes ravagés après
Décence ivre-morte d'avoir fermé les yeux
Galbe myosotis de blancheurs solaires
Impassible fumée Murmures désossés Gestes
   marginaux-magic
De corps emportés
Son visage était trop clair
J'ai éclaté de moi-même par une perturbation
   endogène
Clapotis complices d'une danse dentelles
Lingerie diaphane et torride
Spasmes Spasmes Sspas
                Spa... a
                ah ! ah ! ah ! ha ! ha ! ha !... ha !
Une cheminée se tord au carrelage de mon corps

Le goûter assiégé à 4 ¹/₂

Milano de passe-moi le beurre
Zirvague circonspect a tué le revolver
Pourquoi ne pas m'avoir signalé le lézard à ressort
À la prise de Vladivostok ?
Voilà que maintenant
L'infirme s'excite
Le baba s'affirme
La chienne se tord
Déferle l'orage du yogourt Croc en dent
                    Cr... Cr...
          Cr... Crotte-avion
          VTKAKK
Le pied d'athlète marathonne de plus bretelle
Je sens quelque chose crie le nez de l'opossum
Mon dieu mon dieu c'est le déluge des asperges
C'est la révolte des garde-robes
Je vois déjà les armes Vaticanesques à la rescousse
          Ousste Cuichch
          Toc ça s'en vient
OU OU OU OU OU OU
          Pip Pip Pip Pip Pip ppp
Il est passé sans me goître
Silence Silence il peut revenir l'Adriatique
Les sardines sont myopes... mais lui
Silence que j'observe
Si Prométhée prend soin de mon tandem à l'horizon
     air-foam
Fume Fume ça te vera du bien
(Très tendre) C'est promis
          Il ne reviendra plus l'arborite très méchant
          C'est promis C'est promis
Antoine le beurre

154

Combo

Cordes infinies à l'arcanson des dieux
Magique de tympans au phosphore illimité
Musiques galvaudées sans fin
Blennorragie sur cris de cuisses imaginées
Orgies de beau caché
      De masses poussées ailleurs
Par sirènes greffées au dos
Percussions de kilowatts jusqu'aux musculatures
   stomacales
      Qu'un carbone magnifique alimente
Toutes portes s'enroulent d'un jet vers le haut
À nu...nuuuuuuuuuuu... à nuuuuuu
      Tous... toussssss à nuuuu
Perpétuels débarquements sur des rives
Qui ne savent pas l'elle-même
Fatigue longitudinale d'éclater
J'ai les tympans vissés au cosmos
À l'infiniment Possible
      Musique de la limite entre l'Arrière et l'Ici
      Entre le rouge et la pyramide
      Entre le feutre et l'espadrille
Musiques galvaudées à n'en plus finir

Potin extra-terrestre
(Odyssée du Prof. Paf)

Quand le professeur Paf est revenu des Zones,
il m'a raconté une anecdote assez saisissante je crois.
Un bulldozer avait été échappé dans la stratosphère
Il était allé choir chez les Extras
Les deux premiers qui le découvrirent crurent
d'abord à un de leurs caractères d'imprimerie.
Ce n'est qu'après qu'ils décrétèrent
que ce devait être une de nos cathédrales

Parce que c'était pour ça

La culotte du poumon d'acier
Dévoile un sexe de pamplemousse adulte
Sur la route du poivre quatre chameaux d'eau douce
Échangeaient des timbres rares
Il y a 700 millions de Jaunes
Et autant de cancers inhabituels comme il se doit
        Doignngt
Dans le royaume des échasses
Qu'a-t-on fait du miel ?
Il aurait fallu l'inoculer à la pierre philosophale
Pour infecter les livres du Superflu
D'autant plus ou moins les civières capitonnées
Opèrent peaux en sursis
Katang Katang vomit la catapulte sur la route des
    chênes narcomanes
Aux cheveux de taffetas
Quelques pendus microscopiques s'y contorsionnent
    dans l'air libre
L'opéra mesquin à voix de femme
Scande leur danse en tapant du péché blanc
L'homme est un cheval à menottes qu'on veut
    condamner
Aux Assises des assis.
Katang spirale des pays pour mourir
Quand le zéphyr est à son zen
Pays pour le coffre-fort le rossignol et les gaz patineurs
Pays d'enfant de Katang
Pays pour plastiquer les dés
        Les bourdons
        les autobus
        et les petits enfants

Sentiment

Affolement de l'intellect
trop près de Mort pour m'en servir
trains sous lune que « visiteurs » ont horizontalisés
Je me fonds dimensionnellement dans les deux
  derniers
doigts de mes quelques mains

La mort dans la vésicule

Golf mal aux pores
        Pqaftlankment
Hémorroadés 210 Pf Pf
       Cabalistique diamétrale
J'ai les genoux mis à prix... Stéréo clak
Rosaire se coupa la jambe à la scie
Africain cadran de l'oasis dentelé
        Giroscope Abénaquis
        Témoin de son tempo
J'ai des mini-motos dans la boîte crânienne
Arbalètes misogynes autour de ma couche cervicale
        C'est sur le menu
Un jaune possible ramille aux pattes d'une hyène
Sous chaleur d'une lampe torchère affreuse
Un papier de toilette neuf sur les yeux à sonnettes
Main d'homme sur talon femelle Mur ricaneur

Je fis alors se lever l'astre
Par peur de la betterave à la porte
Impregnibislitement... Horrorté
Ils m'ont toujours attristé les vendeurs de timbres
J'ai eu de longs dialogues avec le café   ton lobe
Les pommiers incubateurs et la règle de deux
Avec l'extase sifflante et ses postes affiliés
Aime parce que je partir
Le film se désouffle...   Cailloux génétiques main-
   tenant
Montagne cadaver par après avant montagne
Malformations d'un vingt-quatre heures... sues
Le Nazaréen ocre suinte comme un ballon
   Stradivarius

Bilocat Lévitat... Griefs contre Lui-lui
Baisogrammes cliniques mythifiant les œils Gondolfo
Enceints de cymbales écorchées à l'avance
Dans le soleil... hors soleil   Edge soleil
Je déchiffrai : une sorte d'internationale électrique
là-bas

Ode ODS à l'acier

Cité beluga dressée
Par dinosaures stylisés retentissants comme mon
silence
Pylônes sculptés dans l'os même
Par casqués multicolores de l'asphalte
Enfants des dieux ici
Tissent à la terre son bonnet électrique en patientes
tarentules
Miradors stoïques comme Gémini le jour de Pâques
Phares de terres herbivores siamoises d'une époque à
voltage
Mâts qu'un cirque d'Ailleurs a perdu dans sa fuite
Dandys en velours d'acier Mes frères Gris Vikings
Déjà pierres tombales de temps hier

Seriez-vous les épouvantails erratiques

De Migrations encore voilées ?

Le septième voyage du calorifère

Galerie des tambours à peau de mouton
Réfugiée près du foulard à reculons
Le bijoutier blasphème en mettant les agates en fuite
Tihuanaco a connu les éclairs de magnésium

Syndicat des rails-à-finir se dissout dans l'eau des
    Glauques
Et quand l'attaché d'Ambassade est mort
Écureuils de soutes ont grisonné aux abords du
    Titanic
                    /à gorge déployée
Vendeurs du temple ont appris le tiroir-caisse par
Catherine II
                    Zip ding Zip ding
Criait le dissipé aux grandes oreilles
En étripant le canal bleu pâle
Messe fait du ventre contre le gré du vent Romain à
    dos de canard
Cassandre de l'ostracisme se baigne dans la boîte
    magique
                    /des anges quadrillés
Pour une fête en Arrière
Rodrigue, as-tu mis le doigt sur le paléontologiste ?
Soleil est un ballon que tient un monsieur dérangé
Trains toujours secondaires au Voyage
Siècle ignore outrageusement la phénoménologie des
    roues
Pendant l'empoisonnement de la lime à ongles

Petites mutations de monstres intégrés aux poissons
    tropicaux

ENVOÛTEMENT —— Perdre le Temps
Dans ces villes presque étrangères qui aissellent aux
  éclates
DEUDIEU, la poulpe insupportable aux abords du
  centrifuge
Dictatoriant un temple parfois Japonais
    Ensor Topor et liberté

Divagation sur 325
(9ᵉ poème oblique)

Sarah trois 125 clochers
La vis rouille
Ta cigarette est trempée
Colle le lit le long du mur
Et dis-moi combien tu pèses
Grand-mère est laitière
Ne dis plus mer dis MMMMM
Ça n'a pas de confins
Vous êtes mon Sauternes
Le clocher rouille
Route 69 erreurs
    Trois 124
À corps oblique âme scalène
Un deux trois 125
Sarah Sarah
    Il ne faut pas se laisser avoir sur les toits
  isocèles
J'attends une carte postale du Ministre de l'Intérieur
Viens faire le mal
    Sarah Sarah
Un deux trois 125 Sarah Sarah

Les célibatair
(Poème miné)

L'extincteur prit le poisson rouge par la main, et ensemble, dans le pousse-pousse blindé, ils résolurent de violer les grottes de Lascaux au vitriol. Un orage constabulaire les poussa vers un moulin trépassé. Pour passer les Temps, le poisson allumait des magiques et son compère lui sauvait la vie avec emphase ; derrière, plus loin, en arrière, je dirais même contrebasse, la bataille rageait de plus belle kérosène. D'un justacorps... que de macaques dans mon œuf ce matin, et des coups, et des coutelas pédérastes s'en donnaient à cœur joie de mon aïeule aux colliers immémoriaux. Montcalm gueulait pour ses pilules près d'une horloge que j'ai minée avec mon poème... vrrrrraaaaaaaaaamt.

Le secret d'avant

Le vieux vieux Michel-Ange
M'a soufflé dans mon bain
 Qu'il n'était jamais disparu tout à fait...
 M'a parlé... Lointain
D'un sarcophage
 Aux ions balsamiques congelants
 Dans le Christ de la Pietà

La bastringue

Hématome Arabique au large m'a lancé à la figure : « L'homme hygiéné à hélium dans l'air en boîte. » Suis allé me consoler avec un kangourou souffrant de dystrophie musculaire. Savais que les hommes avaient des âmes en ban-lon, que les femmes c'est comme les ongles, tu y introduis n'importe quoi et tu vois toujours ce que tu as voulu cacher. Près d'une eau entre ciel et elle-même les maisons de biais aux élévateurs Chirico émettaient de petits cris de cuir chevelu. Le ventre me colle au pétrolier comme langue sur le fer gelé. J'ai chaud J'ai faim J'ai froid Je n'ai plus rien Je suis un vol-au-vent ravi en pensant que les geôles sont des instruments de recontre entre la liberté et la liberté. Au demain matin un loup-cervier m'éveilla avec l'onguent d'une couleuvre-murale. Il gueulait à longs poils qu'une pluie d'orgues s'était abattue sur cette terre-ci. J'ai capté une symphonie-ciment quand tous les tordus se défoulèrent organiquement.

Rat-ligne blanche Dalo Octopus Électrocutés.

Je ne sais pas si tout est vraiment à sa place.

Rideaux intransigés

Blennorragie de rideaux... après pluie scatologiquement morale. Tissus sensibles à mes tissus qui orgasment hors contexte de tissus à tissu. Il n'y a plus rien que ce lien dictatorial entre ma matière unichrome et ce tissu complu en tissu. Tout est maintenant tissu.

Je surprends alors l'objet hors contexte contournant piailleur de superflu à ce moment seulement, cependant... Seul et dieu... Isolé isolement insoLement intronqué ISolé... stay still. isolEmEnt a-contrapuntique d'être isolé.

Suçant l'essence des autours pour leur cracher ensuite leur inexistence Vie, sang de tissu qui palpite et danse de l'instant isolé isolé. Cinq dimensions ex. la sixième étant sa globalité. La septième son inexistence. Mon iris a hallucinatoire éclate chaque fois.

Substance extraite mécanique... blanche et possédée de mon souffle... isolée... lévitée... orbitale. Il ne me reste que l'idée du symbole RIDEAU... que rideausement.

L'éprouvette

Village se dissémine
Monstres
Village interné
     Insolite performance
Avaient élu un maire de l'Autre-Côté
Les avaient tous placés
     Convulsé à jamais dans sa montagne

Temps malaxé

L'étrange m'avait reconnu... décrit décor de cette
  ville
éloignée... couleur de mes habits
l'hôtel où j'étais descendu
     Soutenait mordicus m'avoir vu en cette ville
  très
éloignée... trois mois auparavant...
m'expliquait dans sa
surprise que le hasard fait parfois drôlement
les choses.
     Pétrifié
     Je lui criai
     Que ce même voyage datait de deux ans

L'air prendrait-il des empreintes ? et aussi
  longtemps ?

Collage en dehors

Pêcheur

Pêchait

À la ligne

Dans sa crique

Non loin d'ici...

Fut dépassé par deux vainqueurs de la Manche

Aux arrêts après

Quand les savants partis mirent le pickpocket balafré à la question au sujet de ses venues, il leur répondit d'outre-faciès, dans un bégaiement plastique, qu'un radar désertique lui avait donné le sein et sauvé la pile.

Quant à ses allées ils n'eurent que le temps de le voir s'éclipser dans un cylindre métallique aux inscriptions bien plus effroyables encore que leur contenu.

Sans titre

Me prends à distance
Découpé
D.C.P.
Détaché du superflu
Système dynamité continuellement
Gastricité du réel absorbé
Plus plus loin
Affolé à n'en plus commencer
Catapulté à jamais
Gastronomie des miracles
J'aime parce que je vais partir
Tête sur l'épaule en roulement à bille
Vigie effarée continue
        Klang
Concassé par voyages « aller » seulement

L'irrespire...

L'IRRESPIRE
MICROCOSME   MAGIQUE   D'UNIVERS
MONASTIQUES
COMME INITIÉS À DES VOYAGES ENCORE
INCONNUS
        CONS DE CIENCE
L'INFINITÉSIMAL

Réinca

...Bach
travaille
    dans une manufacture
    de boutons-pressoirs

Il était...

    Il était plusieurs fois cité Cyclopéenne
    Étaient beaux comme fusée le matin
    Cité sans eau
    Lacustre dans le désir
    Vint un mortel du comté de Kakrachmos
Son thermos leur rendit l'Eau
    À son départ cracha
    Les Noya par inadvertance

    Depuis les clameurs marines

ZZZZ

Était horrifique
en tournant le coin se frappa : Hiroshima
et l'arbre était probablement vert
... ? ! ? !..... +.
S'était inscrit en premier siècle
À la Faculté de l'Équilibre
De quoi la pierre la femme et le radar sont faits
Sinon d'Attente ?
Tout est affaire du Dedans

Vastitude
(Poème miné)

Hurlaient deux moines bègues
Mijotaient en piscines de formes scapuliques
Haute perchée sur un clocher approximatif
Une araignée se découvrit une maille dans le bas
        Les injuriait
Alertés par les déplacements d'air
Deux savons pâles en mal d'aventures
Se signèrent aux abords du lieu sacrificiel
Leurs os avaient des spasmes d'évêques
Les call-burettes dansaient avec frénésie
Tour de rein Tour de rein
        Ho ! Source martyriale
Un garagiste rose
Ayant attrapé leur claustrophobie
S'était alors envoyé en terre sainte
Dans une malle calfeutrée de bures
Après avoir faisandé les tonsumanes de la sorte
        Vastitude
Ça se passa un soir Ailleurs

Un soir de scaphandre.

Operatio

Le scapel au bout du chirurgien fit son office. Le patient aussi. La cicatrice cicatrisait de plus en plus. Quand le patient guéri se leva, un miracle affreux se produisit. Un beau cataclysme. D'un seul coup la chambre se renversa. Dehors, des plaintes, des milliers d'Africains, les pavés dans le ciel. Les autos nuageuses ; toute cette perturbation semblait converger vers l'hôpital. Le patient ne découvrit que beaucoup plus tard, en tombant du mur, que sa plaie s'était ouverte. Dehors tout se remit en place dans un fracas indescriptible. Comment pouvait-il admettre que le chirurgien avait aussi incisé l'atmosphère. Que cette dernière avait cicatrisé avec lui. Qu'il avait lui-même tout bouleversé. Que le réel l'avait suivi, les cicatrices ne faisant qu'une... ?

A-halluciné

Ai enfin découvert
Malaise du matin hier :
        Gens portaient tous poignard au dos
Comme si rien n'était
     Rien n'était
Échappé soleileileilei

VI

Manifeste Infra
(1967)

À la N.A.S.A.
À tout ce qui est recherche
et à la grandeur du sexe

Note

J'aimerais tant qu'à la lecture de ce livre le lecteur remplace *poésie* par les mots *invention* ou *imaginaire*.

En quelques endroits ceci représente une version modifiée de l'original à cause des neuf années de recul entre la première édition et la présente ; à cause aussi de ma foi en Dieu renouvelée.

Certains noms devenus inutiles au texte ont aussi été rayés.

Manifeste Infra

Situation

Fondé sur une recherche de l'Autre-Réalité dans l'Arrière-Réel par un Possible absolu. Mouvement de pénétration d'un Ailleurs dans l'Homme cosmique, à partir du réel continuellement remis en question ; l'évolution de ce mouvement s'opère à partir des Dessous et de zones infiniment profondes et voilées dans une réalité prise sous ses deux formes d'existence : ailleurs et ici.

À partir aussi des Dessous des sciences psi et para, du cosmos, du réel, de la magique et de l'Éveil.

À partir des Dessous dans les fibres mêmes de ce qui est et de ce qui est latent : donc, qui sera aussi, et beaucoup plus miraculeusement, parce que possibilisé à l'avance par l'existence même de la Recherche.

(Jamais rien n'est tout à fait ce que l'on a pu délimiter erronément comme étant définitif.)

Mouvement de la possibilisation d'une sorte d'humanisme, ou d'une zone encore inconnue de la sensibilité de la matière.

Infra exige l'expérimentation à tout prix sur tout ce qui est et sur tout ce qui n'est pas tout à fait encore ; il exige un règne de la recherche.

Mouvement prônant la recherche dans les dessous du réel et dans ses arrières. Pénétrer le réel et passer dessous, au travers ; ce dernier étant mis à nu par un processus d'Isolement de ses composants, qui permet de comprendre et ainsi de pressurer de plus en plus l'inconnu. Le réel – homme et univers – étant expérimenté suivant la dose de connaissances mise en chacun et étant considéré comme le seul tremplin qui permettra à homme libre de sauter dans ses ailleurs cosmiques et psychiques pour en vivre.

Infra, avec avant-garde ou pas, s'incorpore, en tant que mouvement, à la phénoménologie de recherche ancrée dans l'homme et ses civilisations. Infra se veut tout simplement organiquement de son siècle et, de là, du à-venir dans les autres, Infra croit. Par exemple, le Zirmate, dont certains membres ont signé Infra, est un groupe de recherche dans l'expression de l'insolite, du caché et de la phénoménologie du fantastique dans le subconscient et ses univers environnants. Zirmate, c'est un état de recherche ; dans ce but, des chercheurs, tant dans le langage pictural, visuel, poétique, musical et autres, ont intégré leurs travaux dans un spectacle où s'amalgament leurs différentes disciplines. Zirmatiquement, leurs travaux respectifs ne font qu'un. Je publie, les peintres exposent et ainsi de suite : mais à l'intérieur du Zirmate, il n'y a plus de peintre, de poète, ni de musicien, mais de l'intégration en vue de recherches de plus en plus poussées, que ce soit sous la forme d'un spectacle ou autrement.

INFRA... PÉNÉTRATION DE L'INFRA-VOILÉ
ET DU CACHÉ
PAR :

Le cri	AIGU
L'esprit	AIGU
Les tripes	AIGUËS
Des mutations	AIGUËS

L'attitude   AIGUË
L'homogénéité   AIGUË
L'anarchie   AIGUË
La recherche   AIGUË

Jusqu'à un Éveil AIGU, donc libre ; sans superflu aucun.

Faut-il demander ? Évidemment

Le démantèlement d'un système d'information (journaux, t.v., radio), qui pèse la valeur d'un travail pseudo-profond par l'étendue de son public, en ne s'appuyant que sur un sensationnalisme outrancier. Infra demande la création de centres de recherches véritables au niveau de l'esprit, sous toutes leurs formes existantes et inexistantes encore, dont les résultats ne trouveraient aucun obstacle à se répandre dans un public auquel on a toujours donné moins, prétextant son ignorance. Une recherche dénuée de toute attache nationaliste, romantique, religieuse, sociologique, dogmatique et logique.

Cependant, Infra ne peut nier les évidences, et il ne peut éviter la création d'autres évidences à cause du processus de recherche qu'il prône ; en effet, notre patrie miraculée, encore debout après l'acharnement féroce de ceux qui voulaient sa perte par peur de sa richesse, s'affermit de plus en plus. Le Québec est un Atlantide de forces à préserver. Il est porteur de valeurs latentes et déjà agissantes. Notre prise de conscience s'opère par ces bouillonnements intérieurs qui tendent de plus en plus à remonter à la surface. Il est un pays à échafauder, pour ensuite tout centraliser sur la recherche et sur l'établissement de cadres sûrs, dans un socialisme évolutif, libéré et durable ; et ce, avec ses pouvoirs politiques, monétaires, sociaux à l'appui. Sa langue et son économie vont rendre le Québec très malade, s'il ne les préserve pas de l'emprise d'intérêts étrangers et de tous les niveaux de cupidité a-évolutive dont il est la proie. Dans l'avenir, indéniablement, il y aura ici des événements qui bouleverseront le monde. Mais gare ! La gangrène apathique est dans nos murs.

Faut-il demander aussi l'exil de l'artiste non-technicien et des concepts qui ont guidé l'homme jusqu'à ce jour ? Ici, il y a des idées fantastiques qui palpitent dans un monde aux réalisations tout aussi fantastiques. Ici, il n'est plus question de pleurs, de visages tordus par un fatalisme empreint de logique et de romantisme ; ici, il y a des beaux camions, de la belle asphalte, une liberté et un dégagement de l'esprit pour qui en veut, de l'insolite à n'en plus finir et beaucoup de rires positifs se percutant dans les couches subconscientes de l'homme à la recherche de l'Éveil. Le reste n'est que chimères. Que certains esprits ne soient pas surpris, si d'autres, un jour ou un siècle quelconque, décident de les avaler. Il faut que tous aillent le plus vite et le plus lucidement possible, uniformément ; ainsi les retardés et les petites natures s'élimineront d'eux-mêmes. Pour que l'homme parvienne à l'Éveil, il faut accepter le fait, si on est réaliste, bien sûr, qu'il se produise des pertes et une pseudo-déshumanisation. L'avenir est dieu. Une véritable création, axée sur le XXe siècle et sur sa portée effarante dans l'avenir, est du type de celles qui incinèrent continuellement leur sentimentalité,

180

et sans concession aucune ; que cette sentimentalité soit politique, poétique, livresque, sexuelle, spirituelle ou autre. Il n'est absolument plus question de regarder en arrière, ni d'un humanisme chétif et retardataire, non plus du témoignage de ceci ou de cela. Par un processus de création véritable, il est question de la conquête d'univers inexplorés et de la réalisation d'un soi et d'un cosmos compris à l'avance (latin, *cum-prendere*, faire corps avec). Que les tordus et les brasseurs de complexes s'exilent.

Infra exige une prise de position de la conscience de l'homme sur sa cosmicité et sur celle qui l'entoure par quelque moyen que ce soit et, par là, pour ce dernier ainsi muté et imbu d'une connaissance profonde des lois qui le régissent, l'établissement d'un lieu précis dans le réel. Ce conscient sera libre. Il est devenu inconcevable que l'homme n'ait isolé qu'une si infime partie des forces qu'il recèle au niveau de l'esprit. Tout le réel existant jusqu'ici en souffre et se voit ainsi éloigné sans bornes de son avènement final, c'est-à-dire de sa fonte dans l'autre lui-même avec les espaces voilés du dessous, pour ne plus former alors qu'une Réalité.

L'attitude Infra passe outre l'intelligence pour aller beaucoup plus loin que la logique malicieuse qu'elle recèle ; il faut vitalement tendre vers cette dimension où tout devient effarément Possible, là où l'intelligence ne peut plus rien concevoir. Il y a tout à faire avec l'Infra-subtilité, avec les papilles infiniment suspendues et réceptives d'un esprit inquiet et pénétrant. Le sentir de l'esprit et des fluides lucides seuls, peuvent capter l'arrière-réel et le pénétrer pour se l'allier en pleine conscience à jamais : l'intelligence, elle, s'y frappe. Il faut être

porteur d'une sorte d'attitude inconsciente, con-
tinuellement, mais le sachant ; il est une puissance
et une liberté que de pouvoir se balancer cons-
tamment dans les extrêmes et d'en vivre. Il faut avoir
la force d'halluciner et de s'halluciner à froid et
lucidement. Vivre d'une perpétuelle remise en
question, et ce, jusqu'en dessous du plus infime détail
de la réalité, ici ou dans ses arrières. Expérimenter.
Revivre de vivre excessivement jusqu'à en manger.
Tout gérer sans s'en occuper d'aucune façon ; ce qui
est l'essence même de la liberté et de la puissance
véritables, l'apanage des dieux. Et de se libérer étant
porteur du Rien Accessible.*

    NUCLÉARISER
    TECHNIFIER
      RIRE DANS LES DEDANS
        ENVOL ATARAXIQUE

Il n'y a pas que ce qui est dans la tradition de la
logique et du dualisme qui soit civilisé ; pas plus que
ce qui est issu de la connaissance acquise et du
prouvé. Partout sur cette planète-ci, il y a de ces
« fous » qui travaillent sur l'Infra-structure de la
Réalité dans des domaines que des esprits morts
considèrent comme étant abusifs, chimériques et
inutiles. Il y a parmi nous des hommes qui sont
devenus leur propre laboratoire... en recherche sur
un infiniment profond en eux-mêmes et sur leurs
rayonnements. Il est inconcevable que si peu de
psychiatres et de docteurs en médecine s'intéressent
à l'expérience pure, que certains expédients et que
certaines drogues soient encore considérés comme
tabou, ou que d'autres ne soient pas légalisés. Mort
au romantisme qui n'est pas encore mort, à celui des

---

* *Calorifère*, 1965.

retours en arrière maladifs qui sont l'oeuvre de lâches et d'assis à jamais.

Toute profondeur doit être remise en place et en surface, même au prix des pires brisures. L'expérimentation vraie assume tout de par son existence même. Il faut mobiliser le fonctionnel à venir et lui donner champ libre. Après la remise en place et en branle des pouvoirs fantastiques enfouis en l'homme, il faudra rendre logique ce qui aurait quand même été capté finalement, toute découverte faisant surface tôt ou tard, malgré le retard dont elle est faite ; et surtout, rendre logique ce qui aura été qualifié de folie pure ou de quoi que ce soit.

Infra dénonce

Les média d'information qui passent sous silence, et de façon outrageante pour tous les esprits ouverts au fantastique (prouvé ou non), tout ce qui est relatif à l'Espace, tant psychique que sidéral, aux découvertes romantiquement considérées comme dangereuses ; les chercheurs et leurs travaux sur l'Inconnu, même parmi les plus éminents, passent inaperçus sous prétexte, encore une fois, qu'ils se sont adressés à une minorité. Savez-vous messieurs-les-informateurs-du-grand-public, ce que c'est que l'Inquiétude ? En nous jetant à tour des pages des articles mauriacquesques, de la spermatozoïe pour poétesse en chaleur et de la hollywoodphrénie de cartes à la gomme. Savez-vous que ce public que vous croyez incapable de perception, peut commencer, à la longue, à devenir infiniment plus inquiet que vous et parvenir à considérer comme normales les manifestations insolites qu'il aura rejetées d'abord ? Il faut toujours en mettre plus qu'il peut en être capté ; car c'est alors qu'il en reste quelque chose. Mais Infra le sait, vous êtes prudents ; c'est là seulement que vous êtes à l'aise.

Et cette pauvre critique qui, à longueur d'articles, les jours de critique, nous violonise sa verve sur la verve séculaire de tant de poètes qui souffrent, le cœur en sang, le corps colonisé, l'esprit tourmenté, et qui nous berce sur la prose de tant de romanciers problématiques aux souvenirs douloureux, aux problèmes patriotiques et maternels, sexuellement affreux. D'une façon ou d'une autre et, d'abord, face aux problèmes sérieux qui se posent ici, aucune femme ne devrait avoir accès dans les imprimeries, que ce soit en tract, en prose ou en vers. Il faut quand même respecter le papier, se respecter soi-même (hors salon), et penser un peu à ceux qu'elles devront consoler par d'autres publications et etc.

Infra le dit, Infra le répète, il y a infiniment trop de poètes-la-petite-vertu ici. Ce n'est pas le rôle de la poésie de nous étaler les problèmes socio-politico-sexuo-enguirlandants de cette élite de tordus et de ratés poétiquement qui rampent, un peu partout, dans les journaux en tant que critiques ou autrement, et dans les couloirs de Radio-Canada. En l'occurrence, Infra demande – il est gentil– à tous (auteurs, éditeurs, critiques) de faire un très sérieux examen de conscience et de se rasseoir. Ces messieurs sont en voie de nous créer leurs petits Aragons-à-Elsa, leur Soupaults-à-deux-faces, ainsi que leurs petits Emmanuels, Maurois, Beauvoirs et

Compagnie. L'Europe est grande, messieurs les « littéraires » québécois ; voyagez maintenant et...

En re-occurrence, Infra dénonce les média d'information qui diffusent le passé et qui n'aiment pas le lecteur, s'adressant à lui dans la facilité, et exigeant de lui la facilité, faisant abstraction des pouvoirs qu'il possède effectivement.

La part gigantifiée faite en critique à tout ce qui est périmé, sous le faux prétexte que c'est plus compréhensible qu'autre chose.

Mort aux morts qui font continuellement mourir les autres par leur position dans le grand public.

À tous ceux à qui l'art fait du bien.

À tous ceux qui ne portent pas une inquiétude infinie et positive face à la présence du caché et de l'inexploré en l'homme. La bible même est à réécrire, et vite, avant que d'autres ne le fassent pour l'homme.

Comme l'édition est malade ici, Infra, conscient des problèmes qu'elle a et de ceux qu'elle ne résout pas, lui dit que ce ne sont pas tellement les maisons qui sont rachitiques, mais bien les petits bonshommes aux envols poético-surfaciques dont elles doivent se gaver pour survivre ; elles se doivent de se convaincre qu'ils font œuvre véritable. Le reste étant voué à l'oubli dans un public mal averti par une presse bonne en soi, mais qui doit obtenir les services d'un personnel informateur et critique, qui lui aussi semble très ouvert et journalistiquement vrai.

Infra demande instamment – et il est encore gentil – à tous les auteurs au pays de se taire sous peine de littérature jaune et de retard de siècle ; la théorie qui veut que plus il y aura d'auteurs qui publieront, plus il y aura de chances de se découvrir un génie à tous les demi-siècles, est la plus grande farce de notre histoire littéraire. Il y a une différence entre un poète, un courriériste et un romancier.

Infra demande, de plus, à tous les paysagistes, réalistes ou abstraits, et à tous les sculpteurs-la-bébelle, de s'inscrire aux métiers commerciaux. Le temps leur demande de devenir leur propre tribunal, s'il leur reste quelque chose d'HOMME.

Mais Infra est conscient d'une chose : ils sont sourds, muets et aveugles, étant artistes ou poètes... un point c'est tout. Les quelques-uns qui restent sont connus d'Infra, ils travaillent aujourd'hui et demain.

Quant aux autres, ceux qui ne se sentent pas visés, ils le sont ; ce sont les plus vils et les plus néfastes.

Infra n'oublie pas non plus ceux qu'il n'a pas eu le pouvoir de connaître. Ceux-là voudront bien se reconnaître comme en faisant partie, en toute vérité.

Cependant, Infra sait que des esprits mesquins, se croyant en recherche, donc intouchés, vont revendiquer Infra, que ce soit dans une attitude sociale ou, pis encore, en eux-mêmes. Attention.

Rassis et bienheureux, ceux-là qu'Infra dénonce, continueront à se boucher l'esprit et à endormir celui des autres, avec des mots bravades, comme lumière, aventure, évolution, désir de bien faire, amour, recherche de son intériorité, humilité, introspection, révolte, poésie, peinture, artiste... Ceux-là seront démasqués constamment.

De plus, ceux qui portent l'équilibre, ne l'ayant pas atteint, se connaissent parce qu'ils sont lucides sur eux-mêmes ; ils sont de ceux-là qui permettent à la planète de ne pas éclater, malgré tant de boulets qui se sont trompés de siècle. Il est fantastique de penser que c'est parce qu'une poignée d'hommes voyagent, que le reste peut se permettre de ramper à ce point, tout en croyant aveuglément avoir le bon sens. Infra connaît la force qui se dégage de l'Université de Montréal (avec si peu de moyens), d'un gémini ou des instituts de recherche psychanalytique et des travaux des anticipatifs dans les domaines les plus divers.

Infra répète donc que si les petits se taisent, les petits qui les critiquent vont tomber avec eux, de même que ceux qui les publient ou qui les appuient de quelque façon. Le XXe siècle n'a rien à faire des romantiques, des grammairiens, des poètes poétiques, des artistes en amour, des malheureux du roman, des égarés et des poètes-des-peintres-des-sculpteurs un point c'est tout. Le XXe siècle a besoin de chercheurs à l'intérieur de la poésie, de la peinture et de la sculpture. Mais, encore là, faut-il distinguer ; il y a ceux qui se l'imaginent et ceux qui ont le feu.*...** Ce, sans mentionner tous les autres faussaires d'influences et de comparaisons. Il y a quand même des marges à respecter.

Ici, la poésie s'est arrêtée aux mouettes à n'en plus finir, aux sentiments examinés au microscope, à une certaine nostalgie de soir d'hiver et à une attitude révolutionnaire qui n'est pas de son ressort. Et face à l'attitude Infra, des retardés (et ils sont légion) iront jusqu'à crier à la désincarnation, à l'insensibilité et à la froideur ; mais ce sont eux les désincarnés, car ils n'ont pas capté la pulsation interne du XXe siècle. Cette dernière est issue de l'intensité même de l'homme. Il est de moins en

---

* Dix lignes ont été rayées ici par l'auteur à la correction des épreuves en mars 1976.
** Après quelques années je découvre qu'il ne sert à rien de descendre qui que ce soit (1976).

moins suffisant de n'être que humain, et c'est fantastique ; que les petits tombent.

Infra voit le voyage poétique dans les associations fantastiques de symboles qui seraient morts en soi, dans des superpositions à froid, dans le témoignage du vertigineux et d'un Inconnu à exploiter ; de même que dans la dissection des pouvoirs parapsychologiques et des accidents dans un Caché photographiable, dans la glorification du bel acier, de machines infiniment profondes et de cités fonctionnelles.*

L'Insolite est né, il se trouve partout et ils n'en sont pas. Dommage... Que tous leurs adeptes et copieurs-la-semaine se le tiennent pour dit : poétiquement, la femme, un pays, des beaux sentiments ou quatre saisons n'ont rien de comparable avec la folie, l'asphalte ou la mathématique. La mer est un symbole mort, c'est ce qui va en sortir qui est poétique ; et ceci est tout aussi vrai dans les autres domaines recherchistes d'un Réel en orbite. Le surréalisme n'est plus sur le réel, il réside dans ses fibres. Il est le Réel. Et tant et tant de poètes de chevalet, qu'ils sortent de l'Hexagone (pour ne nommer que cette maison-là) ou d'ailleurs, n'en sont qu'aux pleurs de l'enfer blanc qu'est la poésie de recherche ; les constats à la rose qu'étale notre gent poétique à tour de recueils n'en sont que les larmes. Le voyage poétique en est le grincement.

Des bonshommes comme Edison, Gurdjieff, Poe, A.C. Clarke, Breton, Michaux, Wells, ainsi que les Dali, Tinguely et Compagnie, ont dû porter la Peur pour faire œuvre vraie ; c'est ce qu'ils ont fait. Il y

---

* Quatre lignes rayées pour les mêmes raisons (1976).

aurait certainement beaucoup à écrire au sujet de poètes aux envols fantastiques, qui ont écrit en prose, et au sujet des autres, les tordus, qui se sont arrêtés à la verve, aux recueils à la manque et aux salons ; il y aurait aussi beaucoup à écrire au sujet de ces artistes qui, à l'intérieur des sphères les plus diverses, ont compris les temps qui les suivaient.

Il n'y a pas que nos hivers, notre solitude de conquis, notre angoisse et nos souvenirs comme en témoigne presque toute notre littérature. Ici, il y a des ordinateurs, des autoroutes, des pylônes et de la technique. Les pays de rêve et la belle nature qu'ils chantent seront asphaltés un jour ; la sécheresse spirituelle qu'ils déversent et dont ils sont les seuls responsables leur sera remise ; les graves problèmes qu'ils dissèquent avec un masochisme prolifique seront la part des sous-hommes de Demain.

Il existe une sensibilité beaucoup plus dense dans les dessous de l'avenir en constante éruptions dans le présent. Une fleur, un fleuve, l'hiver ou quelques sentiments n'ont rien de poétique à côté d'une maquette pour demain, d'un rêve ramené dans le réel ou de galaxies psychiques pénétrées.

Ce n'est pas non plus parce qu'un public, rendu inconscient et désinformé, penche plutôt du côté d'une culture à sa portée, qu'il faut reléguer la recherche aux oubliettes, avec des Mussets exorbitants, avec des Poudrières subventionnées, avec des films à tout perdre qui retardent notre cinéma tout entier, avec des Rodins de musée aux araignées, avec tant de galeries de la chevalette qui respectent l'« Art » avec des romans témoins du vertige folklorique québécois et des plages montagnes d'une Gaspésie hivernale.

Que les auteurs « poètes » se taisent, que les troupes de la romance s'exilent, que les galeries barricadent, que les petits artistes humeurs de contrats se présentent à l'électorat. Les soporifiques artistiques que cette élite a déversés sur le public, tant dans la presse que dans d'autres domaines, ont préparé ce dernier à la recevoir. La masse dort, malgré tout ce qui se passe ici, car le coeur en est mort, rongé par la peur, le respect artistique, le romantisme et le conservateurisme.*

À qui va l'argent de tous les concours existants, si ce n'est à ceux qui ne risquent absolument rien ? Quelle est la part de gaspillage et de luxe dans l'emploi des subsides que le gouvernement accorde à nos belles grandes troupes de théâtre ? Il serait intéressant de faire une enquête du côté de leurs voyages, de leurs décors et costumes. Il y a beaucoup trop d'argent qui sert à autre chose qu'au théâtre proprement dit : et c'est d'autant plus révoltant que cet argent pourrait servir à la recherche théâtrale.

Comment se fait-il que tous ces « fous » de chercheurs dans les labos de l'Université de Montréal reçoivent si peu ? Pourquoi en médecine, par exemple, nos chercheurs se doivent-ils de réclamer à hauts cris des subsides accrus ? Sinon de s'exiler comme l'ont fait les quelque deux mille chercheurs canadiens qui travaillent pour d'autres puissances.

Qu'est-ce que c'est que cette farce nébuleuse de l'assurance-édition au Ministère ?

---

* Neuf lignes rayées par l'auteur à la correction des épreuves (mars 1976).

Pourquoi ne pas défrayer au moins le coût du logement de gars qui publient régulièrement ou qui exposent fréquemment ?

Pourquoi ne pas donner des subsides à ces artistes qui sont intéressés à... ou qui font des expériences dans l'industrie avec des nouveaux matériaux ?

Combien le gouvernement donne-t-il pour sortir la poésie des tablettes du libraire et pour la faire circuler ?

Quand est-ce que le centre d'électronique de l'Université McGill va enfin servir à quelque chose ? Les jeunes chercheurs en musique ont les mains liées.

Quels seront ceux qui auront accès à ce centre de recherche visuelle que projette Radio-Canada, si ce n'est des retardés ?

Infra dénonce encore

Ceux pour qui le réel est encore le réel.

Ceux qui perpétuent ces susurrantes et bonnes vieilles poésies, peinture et autres, propres à notre grand patrimoine national.

Ces épurés du pigment que nos deux musées à la toge engraissent.

Ces néo-symbolistes de la peinture décorative.

Infra veut à n'importe quel prix, l'Inter-fonte de la raison dans la poésie et dans l'expression de l'inconscient.

Tout réside véritablement dans la Vision et dans l'Hallucination où l'on respire, libre ; elles sont parmi les dimensions les plus près de la Réalité.

Que tous ceux qui font encore du portrait changent de métier ; que ce soit du portrait en poésie, en peinture, en sculpture ou ailleurs ; portrait qui fait dire aux bonnes gens : « c'est bien nous, voilà un écrivain de talent, il nous représente tellement bien, il parle pour nous, comme nous il définit tellement bien nos malheurs et nos joies. »

Périmée l'ère des écrivains nationaux et des reporters poétiques.

Il ne faut pas confondre poésie avec folklore et journalisme. Ici le problème est flagrant ; mais il est aussi international. On n'a qu'à feuilleter la « Revue internationale de poésie » (Belgique) pour constater jusqu'à quel point le problème est grand ; pourquoi tenir mordicus à ce que la poésie témoigne essentiellement de son milieu et de son poète ? Ne serait-il pas urgent de la situer dans son contexte technique, précognitif et scrutateur ? Le poète n'est plus celui qui assume ou qui s'assume, mais bien celui qui travaille dans une chambre contiguë à celle du savant et du chercheur.

Poétiquement, il ne peut plus être question de vouloir s'exprimer ou de tenter de s'expliquer, mais bien de créer des réalités nouvelles et inexplorées jusqu'à l'intervention du chercheur et jusqu'à l'avènement de la lumière.

Être poète c'est intervenir dans l'inconscient et dans l'inconnu. C'est aussi cicatriser, soit par le langage ou d'autres moyens, des dimensions spatiales et psychiques nouvelles.

C'est encore rapatrier le réel avec lui-même, en pénétrer les fibres, pour en posséder l'essence et, ainsi, l'objet — objet s'identifiant à la Connaissance des pulsations de l'homme (cf. *Émissions parallèles*).

Être libre, c'est faire partie de quelques siècles à venir, c'est actualiser maintenant l'inconnu. C'est aussi construire ce pouvoir de quitter les réalités primaires, pouvoir dire : « Quand la lumière sera, j'en serai... » Puis, ensuite, voyager dans le subconscient et l'Infra-réel pour parvenir, libre d'esprit, à la Réalité. Là où tout baigne dans un fantastique déploiement de force et d'évolution vertigineuse, c'est-à-dire dans les zones de la dynamique-statique.

L'Arrière-Réel n'a rien à faire avec les petits poètes, la souffrance et tant de gentils qui se chatouillent, trompant les autres, ne leur montrant qu'une seule face du réel et de l'esprit. C'est le cas de la quasi-totalité de toute notre production littéraire.

Un chercheur qui n'hallucine pas maintenant, de même que ces portraitistes de réalités primaires et ces musiciens à la sonatine braillarde, devraient être réduits au silence ; ainsi que ces milliers de romanciers qui ne sont que jocistes de l'espoir faussé et que manipulateurs de complexes.

Ils passent à côté de la magique!

Est mort pour Infra celui qui est resté à surface des univers existants; par exemple, celui qui ne croit pas à la parapsychologie ou qui ignore l'existence du paranormal en tant que réalité pure.

Celui qui ne s'efforce pas, par tous les moyens, à cheval sur le temps, de découvrir et de développer le sens du caché, tant sur l'univers que pour lui-même, doit être considéré comme mort.

Celui qui n'est pas continuellement vissé dans le pouls de l'Essence des profondeurs globalisantes et pulsatives de la Réalité globale, est aussi un être mort.

Celui qui ne s'ouvre pas aux ondes émises par l'inconnu, sous toutes ses formes, est aussi chose morte.

Un homme qui ne porte pas cette peur positive relative à l'Ailleurs, ainsi qu'à la présence de puissances paranormales et extras, n'étant pas assez dégagé et inquiet pour avoir certains contacts avec elles, n'est pas un homme. Celui-là devrait servir d'engrais, afin de faire fructifier les jardins de ses maîtres. Il y a une part de réceptivité qui a été déposée en chaque homme; à lui, alors, avec tous ses moyens spirituels et psychiques (présents et à venir), de construire ce pouvoir de réceptivité, pour s'ouvrir à autre chose et être libre. Il est effroyable de prendre conscience de l'hécatombe dans laquelle nous vivons...

Liberté et liberté

Partir ou voyager, tels qu'entendus géné-
ralement, sont en dehors de la liberté Infra. Cette
dernière réside dans le pouvoir d'imbriquer le réel
avec Lui-Même, ce qui implique toutes ses facettes ;
c'est-à-dire, tant dans l'esprit cosmique que dans le
corps cosmique.

Il n'y a plus d'artistes ; il y a des techniciens à
l'intérieur de la poésie, de la peinture et de la
sculpture, véritablement intégrer Infra au XXᵉ siècle,
pour émettre un XXIᵉ siècle et ses etc. Que les
pleureurs pleurent, mais qu'ils laissent la poésie à la
poésie ; que les cœurs saignent ; que ceux qui
roulent et que ceux qu'on a enchaînés se taisent à
jamais. Voilà une exigence informelle, en ce sens que
ce n'est pas la faute du pleureur s'il se tord ainsi, non
plus la faute de l'autre pleureur qui pleure à son tour en
le critiquant, ni celle du public que l'on endort avec
tant de plaintes néo-poétiques, mais bien à cause de
cette peur irréversible face à la Conscience ; peur
qu'ils bercent, plus ou moins profondément, tous les
trois à la fois. Et ça dure depuis bien des siècles et pour
beaucoup d'autres encore. Il devient facilement
compréhensible, avec la loi du moindre effort qui
chevauche les époques, pourquoi nous ne sommes
même pas encore rendus sur la lune. La recherche,
elle, a toujours suivi son cours, que ce soit à rebours ou
en avant, en évolution, ça ne change rien. Ce sont les
classes dirigeantes qui ont toujours entretenu les
masses dans l'inconscience, pour préserver cette
marge qu'elles appellent pouvoir ; tous ceux qui

déversent leur retard respectif sur le public retardent aussi la Conscience. C'est la gangrène de toutes les époques. Et que ça se fasse encore dans la nôtre, c'est dégueulasse.

La poétique Infra

Que l'on n'associe pas la poésie au vouloir sensationaliste du « poète » en transe, victime de systèmes politiques désuets. Voilà pourquoi ceux-là mêmes qui œuvrent ici à la révolution, et tous ces écrivains qui confondent poésie avec journalisme de combat, n'en sont qu'au lyrisme quand ils « poétisent ». Leur emphatisme, leurs malheurs et leur symbolisme facile sont capables de troubler des couventines arriérées. L'engagement du poète n'est pas là où ils l'ont bien voulu.

L'engagement du poète est dans la recherche de zones intimes et toujours déchiffrables, tant dans l'homme qu'en ses univers. La politique, les sentiments de joie, et la souffrance du mal adapté-réformateur, ainsi que la nostalgie, l'amour et les petits oiseaux ne suffisent plus pour faire des poèmes. Que l'on défende la plume à tous ces auteurs dont la seule force est le dérèglement, le faux titre de poète et un regard de taupe sur le réel.

Ceux qui oseraient se croire dans l'impunité sont les plus vils.

Infra dit plume, mais il inclut dans ce moyen toutes les autres disciplines.

Infra demande l'exil immédiat de tous ceux dont les œuvres ne dégagent rien d'insolite ou de fantastique. La véritable fonction sociale du poète ou de l'artiste-technicien est de n'en avoir aucune. Une poésie, une œuvre faussée ou l'expression problématique, lourdes de romantisme, de complexes religieux et politiques, retardent l'avènement de la liberté. La poésie et l'expression véritables sont axées sur leur pouvoir de libération de l'homme dans son esprit ; et ce, en ne se servant pas de points de repère qui ne sont pas de leur ressort, comme la politique, l'hermétisme, l'amour, la belle nature et les sentiments malaxés dans tous les sens.

Il faut sortir le poète du faux rôle social où on l'a plongé, pour lui donner une dimension et une densité nouvelles, qui sont celles de la recherche technique et physiologique. Infra peut parler maintenant ouvertement de recherche. *Refus global* de Borduas devait se dégager du calcaire. Pour nous, un laboratoire, c'est vrai ; eux n'avaient pas le temps de le voir.

Le chercheur en art se doit de devenir l'ouvrier des Dessous du cosmos, et ce, dans toutes ses formes. Les pouvoirs anticipatifs du chercheur véritable en font un autre technicien. Tout le reste est de l'ordre du roman et de l'art divertissant.

Les mystères de la poétique sont à mettre à jour, exigeant d'autres pouvoirs de perception par la profondeur poétique ; ces mystères ne se doivent absolument plus d'être insaisissables.

Dans l'art recherchiste, la nébulosité n'est plus, la lumière s'en vient.

La poétique, sans s'altérer aucunement, se voudra, elle aussi, dans l'évolution, porteuse d'un caractère technologique ; elle travaillera sur le mot, avec le mot, dans le but de cicatriser des dimensions nouvelles. Au même titre que le peintre et le sculpteur qui tentent de cicatriser des formes nouvelles avec des matériaux nouveaux.

Il faut à tout prix dégager l'artiste de ce rôle utilitaire et doctrinal qu'on lui a toujours assigné.

À un certain niveau, la poétique en arrivera, comme d'autres disciplines, à une patience, à une minutie et à une rigueur, à un détachement, équivalents à ceux du savant. Et dans les civilisations futures, ces personnages vont parvenir, par un processus de conscience acquise et dirigée, à ne plus faire qu'un...

Il s'agira alors d'un langage qui s'adressera à des consciences et à des initiés, voire à la masse.

La recherche poétique n'a rien à faire avec des bâtisseurs de systèmes axés sur la raison, sur la logique et sur une idéologie sociale, propres à ceux qui regardent en bas ; ceux-là tiennent le message poétique dans la cage de leur indifférence, ne lui permettant de les déranger qu'à demi ; certes, il peut publier, mais il ne peut aller beaucoup plus loin. D'où l'engouement de ces gens-là pour tout ce qui n'est pas poésie, donc pour tout ce qui divertit ou pleure. Je me prends à penser ici à l'emphase d'une certaine critique pour une Claire Martin de son, comparativement au silence de ces messieurs autour de mon dernier ouvrage (*Calorifère*).

Cependant, si cette même recherche parvient à sortir de l'ombre ou ils auront voulu la garder, ils seront les premiers à revendiquer une part de ce travail mené à bien. Ceux-là devront être dénoncés systématiquement et en temps et lieux, même postmortem. Chose certaine, le chercheur véritable ne pourra même pas être identifié par ces petits messieurs, lorsqu'ils voudront s'en approcher avec leurs critiques anthologistiques, car il n'y sera déjà plus ; il aura engagé sa recherche et son combat dans des zones qu'ils n'effleureront jamais, enfouis dans leur rationalisme avili et sacrilège.

Ce même chercheur n'a rien à faire du combat social et révolutionnaire, même s'il se doit d'être un perpétuel révolutionnaire. Sa place est de ne jamais y être ; lui qui tente de clarifier les dehors et les dedans de l'homme, ils voudront en faire l'apôtre d'un système qui veut en remplacer un autre. C'est là le piège où sont tombés ceux qu'on a qualifiés de grands poètes. Ils se sont servis d'une arme qui n'en était pas une. L'optique Infra qui aurait pour but de remplacer un mal ou une situation serait de passer dessous, les considérant comme existants, mais n'étant pas. Il n'est pas du ressort du poète de s'attarder à telle réforme ou à déloger un tel de la tête. C'est là l'erreur de tête la jeune poésie soviétique. Il faut faire attention à ceux qui combattent avec le plus d'acharnement ; leur système prend vite la place de celui que vous combattiez avec eux. Il est une révolution vraie dans la non-révolution, dans une sorte d'acceptation anarchique de la part de l'artiste en recherche. Il faut laisser décroître jusqu'à ce que surgisse une conscience issue d'un système qui s'est effrité, ou jusqu'à l'opération directe d'un être conscient ; encore là faut-il s'entendre ; car cet être n'est pas nécessairement celui qui croit avoir trouvé la solution.

Un envol psychique total et continuel sera donc l'essence de l'homme libre, tant au XXIe siècle que dans ses etc... Et ce, dans quelque système où on le place, ou dans quelque univers qu'il ait choisi de construire... et d'agir.

Donc Infra tient à dire à tous ces poètes, qu'ils soient d'ici ou d'ailleurs, de mettre fin à toutes leurs élucubrations personnelles, tant dans leur témoignage nationaliste, dans le nouveau roman vulgarisant, que dans une publicité maladive de leurs malheurs. Ils se servent de la poésie pour faire de la poésie, exigeant d'elle des excursions internes ou externes qu'elle ne fait plus depuis longtemps. Ils demandent à la poésie d'encaisser les retards physiologiques où ils se sont plongés eux-mêmes. La poésie et l'art ne sont pas des univers thérapeutiques pour les tordus de l'esprit. Le poète ne doit plus en être aux combats, aux témoignages internes d'un beau pays, d'une femme ou d'un fleuve. Ce n'est plus sa place. Le poète doit catapulter l'homme et ses univers dans leurs sphères inconnues encore, dans leur inconscient à conscientiser sans retour, pour sa plus grande liberté.

La prétendue aventure poétique de tant de scrutateurs de zones primaires, tant dans l'esprit que dans la réalité, et les constats de surface dont ils se gavent, les feront sursauter face à l'image d'une poétique de recherche ; c'est acquis, car ils n'en sont pas capables, d'abord ; de plus, les lieux sûrs où ils se sont enfouis les aveuglent. Personne ne peut juger de l'authenticité ou de la densité d'une image parce que, étant issue de l'esprit, elle est possible. L'image poétique qui provient d'un esprit en état de recherche et de dimensionalité éclipse, par le fait même, les images qui s'adressent à des esprits adolescents. Le langage de voyages suggérés par différentes disciplines de recherche, que ce soit en architecture, en peinture, est bien au-dessus de l'incohérence, de l'invraisemblance ou de l'impossible ; ces mots n'existent pas Infra-cosmiquement. Un avenir indéniable se dessine du côté d'une poésie de recherche qui émettrait le langage de ce que la science matérialise. Tout le reste est l'œuvre d'esprits tourmentés, de portraitistes et de troubadours.

Ce n'est pas tout d'écrire, encore faut-il faire le voyage préalablement avec les symboles ; il ne s'agit donc plus d'automatisme.

Cette surface et ces zones primaires qu'Infra dénonce, chatouillent délicieusement leur volonté obstinée de « poétiser » ce qu'ils vivent et de ne pas aller trop loin dans le psychisme humain (car l'interdit porte des rançons assez lourdes parfois), ou de ne pas aller mettre le doigt sur l'irréel. Et ceux-là mêmes qui se complaisent dans la « poésie » de surface vont viser, plus ou moins consciemment, à brouiller, sinon à éliminer les ondes émises par les chercheurs ; que ce soit dans les média d'information, dans la critique et dans la répartition des subsides. Ces divers phénomènes tournent ensemble et se complaisent mutuellement dans leur retard de siècle.

L'expression de la poétique de recherche ne trouvera alors son oxygène que dans une continuelle anarchie ; elle doit même combattre ceux qui combattent pour l'établissement de systèmes et d'idéologies où elle n'aurait plus sa liberté.

Le théâtre idéologique est contrainte, prison, prisonnier de thèses, doctrines, postulats (Ionesco).[*]

En somme, la recherche de mythes nouveaux par un poète dégagé des engagés outranciers, doit tendre à amener les réceptifs dans ces univers où il respire à l'aide. Là où la science et la poésie ne font qu'un. Et ceci est tout aussi vrai dans disciplines de création.

Avant de conclure brièvement ce chapitre, Infra réitère sa position, pour ce qui est du retard de la quasi-totalité des auteurs au Québec. Quand Infra cite la revue *Parti pris*, il est bien loin de ne s'adresser qu'à ce groupement, qui a quand même travaillé à l'évolution de la pensée au Québec. L'essence même des dénonciations d'Infra réside dans l'incompatibilité entre la poésie de recherche et celle qui se veut sociale, divertissante, témoin d'une peuple, d'un pays ou d'une époque ; la première tient de la poétique, la second du roman et du trac. Il ne faut plus vouloir poétiser des zones humaines, des faits et des aspects du réel qui ne se doivent plus de l'être ; et c'est, hélas, ce qui ressort de toute cette production littéraire, et surtout poétique, de plus en plus vantée par tous ces gens qui sont aveugles et qui auraient bien aimé avoir publié leurs petites plaquettes eux aussi. Notre poésie vit au passé, s'attachant à la belle image en soi, à sa sentimentalité de conquise, à son grand fleuve, à son cœur blessé ou à la femme sur laquelle elle s'étend à n'en plus finir. Et ceux-là qui pourraient écrire véritablement se taisent, parce qu'on leur fait tellement sentir que ça ne vaut pas la peine.

En concluant un peu

Il n'est plus possible d'aller en deçà de l'Infini ! Tous ceux qui en sont au stade « poétique » qui traite de l'effervescence du poète dans son univers intrinsèque et social seront toujours de l'arrière-garde, parce qu'ils flattent l'esprit tourmenté et cette part de désœuvrement ancrés au plus profond de l'homme. Au lieu de l'en délivrer, ils l'entretiennent dedans. Et ils iront même jusqu'à plaire, malgré leurs dénonciations, leur désarroi démographique et leur problématique morale. En fin de compte, et momentanément, ils sont de ce que l'on pourrait qualifier : la gauche centrifuge ; de plus, ils retardent ceux qu'ils pensent aider, parce qu'ils attisent les velléités des masses. Notre poésie nationale n'a plus que des souffleurs d'un feu qui a quitté sa turbulence. Ces petites gens opérant ainsi ce qu'ils appellent une « œuvre littéraire ». Fumisterie à la base que cette littérature gentille et révoltée.

Il existe une recherche dans l'homme et pour l'homme cosmifié qui se situe sur des paliers infiniment supérieurs à tous ces envols poétiques à terre.

En concluant Infra

Donc :

Infra : processus d'agir et de penser conçu et exigé pour raison de Conscience.

Pénétration des couches infra-réelles pour toucher la réalité existante, tant dans les dessous du réel que dans ses dehors cosmiques.

Mise en place des pouvoirs occultes, d'un langage de l'esprit, d'un état d'attente face à l'Ailleurs, et de liens nouveaux entre le connu et le « à connaître ».

L'Ailleurs et l'Ici englobés dans la seule Réalité existante. Ce qui implique le dedans et le dehors de l'homme ; le dedans et le dehors étant fondus l'un dans l'autre, car tout ce qui est en dehors de l'homme, il l'a aussi en lui. Et ceci est tout aussi vrai dans le connu que dans l'inconnu qui, lui, est un connu à venir.

Dedans de l'homme à mettre à nu par l'homme.

Emploi systématique de toute faculté décelée.

L'occultisme, la transmission, la suggestion, la vision et autres, étant étudiés et employés par l'homme dans son soi-laboratoire.

Infra demande

Expériences multipliées sur les maladies mentales, à tous les niveaux.

Multiplications de cliniques aux subsides accrus et formation de chercheurs qui seraient autre chose que des débordés. Le nombre de psychiatres à Saint-Jean-de-Dieu (Hippolyte-Lafontaine) pour au-delà de cinq mille malades est abominable : environ quarante.

Mise en chantier d'observatoires publics pour visionner les profondeurs du ciel et de la terre.

Expérimentation sur la phénoménologie hallucinatoire en clinique et observation des réactions à différentes expériences sur des êtres de tous les niveaux d'équilibre.

Refonte du Service d'Aide à la Recherche au Ministère ; il faut définir, à un moment donné, ce qu'ils entendent par recherche dans ce lointain ministère des Affaires culturelles à Québec, avec tant de subsides à des curés bedonnants, à des folkloristes et à des mesdames à deux ou trois mentons.

Infra demande de plus

Inculquer, transborder la connaissance et les pouvoirs de voyages intérieurs dans l'extérieur, toutes les réactions négatives à l'expérimentation étant acceptées à l'avance, toute morale rationaliste étant mise de côté.

Un règne de la cabalistique à tout prix et de plus en plus clarifié.

Élimination de tout ce qui n'est pas recherche, de tous les écrits retardés qui ne sont que mauvais touchers hypocrites et qui n'impliquent aucun caractère inventif ; il faut laisser aux débiles mentaux les envolées d'ordre politico-divertico-humano-souffrantes. Place à l'imaginaire.

De plus, la création d'un bureau de contrôle qui n'approuverait pas qu'une multitude d'affamés spirituels et de sentimentaux puissent déverser les flots de leurs pleurs et de leur problématique primaire, ainsi que leur subjectivité maladive, par tous les moyens d'expression, sur un public qu'ils tiennent dans la même inconscience que la leur.

L'arrêt immédiat de la saturation d'écrits sentimentaux aux retards affreux dans les média d'information, sur des auteurs étrangers et nationaux qui ne sont que politicailleurs en mal de poésie, que petites natures et que portraitistes d'évidence ; de même que la fermeture des endroits où s'exposent outrageusement des académismes morts.

Donc

Multiplication systématique de subsides gouvernementaux en vue de laboratoires et de centres de recherches, tant au niveau scolaire, universitaire et professionnel.

Formation de chercheurs éveillés dans le but bien précis de l'expérience, tant sur eux que sur les autours.

Répartition des tâches... combien de médecins ou de savants sont obligatoirement transformés en surveillants ou en professeurs ? Que l'on fasse enquête et que l'on mette à jour les pertes de temps et d'argent dans la bureaucratie ; et que ces surplus servent à nos chercheurs dans tous les domaines.

On se dirige vers la faillite.

Conclusion

Au sujet du pouvoir d'isolement...

Connaissance et spécialisation intégrales dans tous les domaines.

Tout est dans le savoir, surtout la liberté.

Par les pouvoirs de pénétration du réel et ceux de l'isolement, connaître de quoi sont faites les fibres du réel et de l'arrière-réel pour échafauder des plans de synthèse.

Les chercheurs sont les premiers qui ne doivent pas avoir peur de la synthèse ; de même, l'individualité d'un artiste n'est forte que dans la mesure où toutes les expériences et tentatives concrètes d'intégration auront été faites. Il est aujourd'hui erroné de penser qu'une œuvre perd de son individualité, si on l'accole ou si on l'intègre à une autre discipline ou à une autre recherche. L'impact de deux recherches est beaucoup plus fort que celui d'une seule (surtout si elle en est vraiment une).

Il s'agit toujours de l'avènement à la lumière pour le plus grand nombre.

Infra exige

— L'interdépendance de toutes les connaissances entre les hommes.

– La connaissance Infra des composants du cosmos (homme et univers).

– Pénétrer la matière, les corps et les galaxies en vue d'un pouvoir généralisé pour l'imaginant et en vue de la spécialisation, pour la création de mondes nouveaux à notre portée et de plus en plus accessibles dans le Temps.

– Le pouvoir Infra-poétique des associations fantastiques jamais faites.

– Le respect Infra-automatique du réel sous toutes ses formes.

– L'établissement d'un langage des différences.

– Tout ce qui est vu ou imaginé Infra-réel, comme certaines associations fantastiques, comme les sonorités nouvelles, comme les formes et les matières révolutionnaires, de même que les réalités inviolées, porte le Possible d'Existence.

– Instaurer le règne de la Puissance du Devenir.

– L'arrêt de toute morale, de la gravité, de la peur, jusque dans leurs formes les plus profondes.

– Faire servir ce qui est à ce qui a toujours été considéré comme inassimilable.

– Exiler les intelligences définitives.

– Déclassification, règne de la Tentative pour l'avènement d'un autre ordre, d'une autre détermination des fonctions, vers une autre cosmicité, où tout a fin de compte à sa libre fonction, productrice et pure. Il s'agit maintenant d'une autre esthétique, d'une autre technologie magique.

– La Profondeur est à mettre en branle le plus rapidement possible.

– Toute incompréhension maintenant au niveau de la recherche est preuve d'aventure vraie.

– Toute logique est mise en bouillie par une recherche aux outrages constants et merveilleux.

– Infra, c'est un irrespect total et constant, positif.

– Il ne faut plus se souvenir, mais se souvenir en avant continuellement.

– La mise en place des Contraires dans le langage, en vue de la recherche du langage des Extrêmes.

– Muselières aux poètes paysagistes, introspectifs à miroir, masturbateurs des masses aveuglées par leurs constats et leurs petits cris.

– La suppression du beau ici en vue du Beau Ailleurs.

– La suppression des éternels définitifs.

– Infliger de la complexité à ceux qui n'en ont pas.

– En enlever à ceux qui n'en ont qu'un peu pour les dessécher à jamais.

– En donner encore plus à ceux qui admettent en avoir pour les en mieux libérer, les amenant ainsi dans des dimensions inexplorées jusqu'à leur éclat de rire (dégagement), pour qu'ils poursuivent aussi l'exploration du psychisme de tous les hommes dans le leur ; il faut aimer le XXᵉ siècle comme des fous.

– Le paranormal est à normaliser.

– L'Infra normal est à ramener à la surface pour la plus grande gloire de l'homme.

– Ouverture des esprits sur L'Insolite, le Fantastique et l'Arrière-Réel !

L'Homme est à mettre en course sur les événements, constamment à la recherche de moyens nouveaux tendant à le rapprocher du Réel véritablement ouvert et dénué de mythes périmés, de la suffisance, de la peur, de la fausse foi, des retards mitigés et de tout romantisme ; d'un Réel qui, une fois conquis, le plongera dans un Éveil ataraxique et conscient.

Il ne peut plus être question de savoir qu'il va mourir, mais bien de tendre avec une énergie forcenée vers l'instant où il commencera à mourir de moins en moins.

Infra. C'est l'Expérimental mis en marche jusqu'à la Conscience.

Finalement :
Le Réel Réversible

Temps pris à partie ; évolution affolée et consciente d'elle-même dans tous les sens à la fois, à l'envers dans le bon sens, jusque dans l'a-évolution quand même évolutionnaire de toute la recherche de l'État de Conscience.

Tirer sur le réel comme on ferait avec une nappe, malgré les objets disposés, ces derniers étant le superflu du réel qui, par ce Pouvoir de bouleversement, est éparpillé à jamais, moléculé, les symboles étant mis à nu et isolés à jamais.

J'entends par ce pouvoir de Bouleversement, un pouvoir de remise en mouvement continu, une puissance de globalité face au cosmos et à ses composants. Ne plus pouvoir passer un vingt-quatre heures de la même façon. Visionner le plus souvent et le plus clairement possible l'Autre-Chose existante.

Un Bouleversement par superposition, c'est-à-dire que ce pouvoir permet d'échafauder d'autres réalités en procédant à l'isolement systématique des composants du symbole « réalité ». Car il n'y a qu'une seule réalité englobant le réel palpé et le réel palpable. Et une fois ce phénomène d'isolement généralisé (par exemple, voir maison, puis tout ce qui fait maison et enfin voir maison), le processus de superposition entre en action. Quand j'ai vraiment vu maison, quand je l'ai dite une fois pour toutes à la suite de l'isolement, je puis l'intégrer, la superposer, multiplier ses propriétés. En poésie, c'est ce qui fait la différence entre l'écriture automatique et la poésie de recherche.

Par ce processus de superposition, des mutations incommensurables se produisent, car tout ce qui se trouve ainsi isolé, se trouve grandi d'une dimension nouvelle quand il s'intègre — cf. le regard dans les *Émissions parallèles* — et, avec cette intégration de diverses phénoménologies, survient la valorisation de l'identité, seule voie pour l'homme de parvenir à la Conscience Contemplative.

Donc : Isolement, puis Connaissance, puis Identification de la Réalité globale et englobante, puis Conscience, puis Liberté Infra dans la Contemplation. Passage d'homme à dieu et, enfin, à Homme.

En fait, l'être libéré est celui qui possède les clefs de son contexte en opérant la dissection de la réalité (isolement). Les espaces nouveaux que s'ouvre l'homme vont le faire éclater, s'il ne sait pas faire la Lumière dans les Dedans du Cosmos.

VII

Émissions parallèles
(1967)

Clefs

Ce langage à caractère émetteur et mathématique exige des lectures répétées et, surtout, le pouvoir d'inter-fondre les chapitres, les paragraphes et les idées. Faire souvent marche arrière, sauter, jongler et disséquer, jeter des liens soi-même.

Être porteur d'une réceptivité sans bornes pour capter.

En tant que chercheur de la conscience

je ne puis plus qu'émettre à des chercheurs de la conscience.

Sur la connaissance et l'isolement

Préparer maintenant pour l'homme et chez l'homme une Connaissance approfondie, suivant son pouvoir de captation, et surtout, dans des domaines complètement étrangers au sien ; car, de plus en plus, et toute la science va dans ce sens, il n'y aura plus de domaines complètement étrangers aux autres, comme c'est le cas maintenant ; un architecte devra connaître les couches de la montagne qu'il veut voir habitée, le chef de bureau devra posséder des connaissances approfondies en sociologie et en psychologie, le fonctionnaire devra pouvoir réparer la machine dont il se sert et ainsi de suite.

L'homme connaîtra aussi de plus en plus profondément de quoi il est fait, avec un cerveau-moteur vraiment possédé dans tous ses aspects ; il pourra, par exemple, provoquer chez lui des réactions curatives sans l'aide extérieure. Il sera son propre spécialiste. Il est évident que le facteur temps de la durée d'un homme est, pour le mutant du XXᵉ, un grand handicap ; mais si on émet comme probable et inévitable la prolongation de la vie, ainsi que la possibilité un jour d'inculquer la science comme on donne une injection, des milliers de problèmes sautent. Le cerveau et le corps humains n'utilisent maintenant que la plus infime partie de leur énergie. Il est vrai que les peuples les plus avancés doivent se retarder eux-mêmes en attendant, en aidant ou en se défendant du sarcasme quotidien ; je pense ici aux Américains. D'après certaines religions, il paraît qu'ils ont tort d'être ce qu'ils sont, parce que la vie sur terre n'est qu'un passage, etc. Pour ces gens-là oui, mais pour l'homme américain qui se prépare à se faire congeler, non.

Tout homme qui a la chance — et elle existe — de pénétrer ses Infra-structures physiologiques et psychiques, et qui ne s'en soucie pas, est un assassin de la pire espèce. Il n'y a rien de plus abject qu'un homme qui ne porte pas le Doute ou la plus minime part de recherche et d'émerveillement.

La liberté est dans le savoir, dans la connaissance Infra-réelle de l'ailleurs et dans la terrible phénoménologie du Comprendre (*cumprendere*) ; et ce Comprendre exige l'établissement du processus d'isolement à tous les degrés. Isoler, c'est Voir. C'est trier le réel sous tous ses aspects, le cadastrer, en connaître chaque fibre et chaque pouvoir, puis tout regrouper pour vraiment aller Ailleurs, en Arrière de ce même réel qui est en fait la seule réalité. Avec l'isolement, il devient bien difficile de rester à la surface des gens et des choses. C'est alors que l'isolement devient amour des hommes et des civilisations... Liberté.

Dans cette recherche de l'état de CONNAISSANCE que l'homme doit porter constamment avec densité, et que l'on doit exiger de lui au prix de sa personne un jour, il n'y a pas de prudence à observer comme certains esprits rationalistes seraient portés à le penser face à mes thèses. Je dirai plus loin que l'homme doit prendre la chance de l'homme le moins longtemps possible.

Au lieu de cette prudence, il n'y a que la reconnaissance d'un État Limite existant entre la prudence et la belle imprudence de l'homme qui a la liberté de s'arrêter, donc de mourir, ou encore de perpétuer son soi par d'incommensurables efforts du dedans, sa vie durant. La mort pour ce dernier n'existe pas... Il EST. Il ira ailleurs.

Je dis que cette prudence doit se diluer jusqu'à un point limite existant. Ce point limite n'existe que dans une fatalité écrite. TOUT arrive, sans que rien au monde ne l'altère. Le lieu logique d'un tel message résiderait à mon avis dans les astres ; ne sont-ils pas notre lieu de prédilection premier ? Que ce soit dans ceux qu'on connaît, dans les autres ou dans la globalité évolutrice et immuable de leurs circonvolutions. Tout arrive... soit. Alors, pourquoi ne pas appuyer plutôt sur l'imprudence, dans l'espoir de provoquer des mutations positives dans l'inaltérable jusqu'alors ? Sur une recherche poussée à bout et intégrale, tant en nous-mêmes que dans le cosmos... tenter de savoir le mieux, le plus profondément possible et le plus rapidement possible, de quoi les et nos fibres du dedans et du dehors sont faites, et quel est le point limite de la connaissance, de la compréhension et de la pleine possession des moyens de l'homme.

Pour l'ASSIMILATION des TEMPS et de l'UNIVERS, combien de temps a-t-il ? Cherchant avec accélération, il pourra peut-être y accéder plus rapidement ; cette accélération évolutive implique naturellement des pertes.

Cette connaissance dont j'émets la possession possible par l'homme généralitique — c'est-à-dire possédant à la fois son soi-même et son cosmos, de même que la connaissance des autres hommes et de leurs univers — porte des qualités quantitatives déchiffrables, même pour l'homme évoluant dans un ailleurs, libéré et éveillé. Je veux dire que la connaissance n'est pas illimitée dans l'Avenir supposé-

218

ment infini, que le savoir dont l'homme doit recher-cher la pleine possession est aussi en une certaine quantité dans l'univers, si je puis m'exprimer ainsi. L'Éveil est le lieu et l'état par excellence de cette sorte de saturation merveilleuse d'une CONTEM-PLATION infinie et statique à la fois. En somme, le degré de puissance de l'homme Conscient aura une fin, mais la jouissance de ces esprits supérieurs dans leur état contemplatif sera infinie. Et ça va beaucoup plus loin que l'homme Dieu. L'évolution, comme entendue jusqu'ici, étant le complexe le plus passager (ce qui n'est pas peu dire), précédant la mise en contact de l'Homme avec les états supérieurs de la conscience. Pour le moment, il faut être d'accord avec certains penseurs évolués qui disent que le savoir de certaines phénoménologies doit demeurer accessible à des privilégiés ou à des initiés ; ces penseurs ne sont pas d'accord avec ceux qui veulent répandre dans les masses les hauts degrés du savoir. J'ai dit « pour le moment », car je sais à l'avance que même mon langage présent n'est pas accessible à une bien grande proportion de gens. Mais là où je ne suis plus du tout d'accord, c'est lorsqu'ils disent que, dans le temps, le message ne peut passer dans la masse par la voix d'une élite, parce que celle-ci doit tendre continuellement à généraliser l'optique des civilisations futures. Mais qu'un seul homme qui n'a rien à faire (comme disent si bien les retardés) dans le métro ou ailleurs émette des connaissances nouvelles dans la tête de son ignare de voisin, il ne pourra plus jamais refaire le même trajet de la même façon. Il aura altéré le réel. La parole ou l'occultisme à différents niveaux peuvent devenir les moyens premiers au XXe pour la recherche du réel vrai.

Ceux qui attendent quelque chose de ce réel-ci vont passer avec. Les autres vivront d'une anarchie positive dans un Réel conquis par eux en conscience.

Ils vivront plus loin que ce « eux-mêmes » assigné par d'autres puissances que la leur et qui n'a jamais été que dans l'ombre d'un rêve conquis éternellement, d'un savoir bien au-delà du soi que porte toute la puissance dont un homme libre est capable.

Canalisation des influences qui agissent sans arrêt sur l'homme par l'esprit-laboratoire, que ce soit les influences astrales ou à partir du dedans et du dessous de la réalité. Il y a aussi à canaliser tous les accidents (provoqués ou pas), de même que toutes les ondes existantes qui gèrent de près ou de loin la vie des hommes. Cette canalisation a pour but d'amener celui qui cherche vers les zones d'une lucidité inaltérable. Sans tous ces phénomènes qui agissent sur l'homme, ce dernier, maintenant, ne pourrait vivre. Je ne peux absolument être ici de la même façon, s'il y a quatre autos dans la rue au lieu de trois... si deux personnes pensent à moi ou s'il n'y en a qu'une seule... C'est donc dire, à ce moment-là, que ces ondes sont vitales pour l'homme conscient, au même titre que boire ou manger. Donc les connaissant par le processus de les isoler, il serait alors possible pour l'esprit évolué de les diriger là où il en a le plus besoin, de rejeter les autres et même d'en emmagasiner. L'esprit de celui-là se trouve alors sur la voie de la Conscience. Ceux qui ne sont pas des émetteurs-récepteurs ne survivront pas. Et encore là, il s'agit d'idées accessibles à très peu d'esprits pour le moment.

Et justement, par ces pouvoirs de réceptivité et d'émission qui sont à développer en vue de la conscience, il s'agit en quelque sorte de charger l'esprit pour une toujours plus grande connaissance de l'homme. Et c'est en densifiant le réel, en le chargeant de circuits, que ce développement s'opère par un processus d'isolement de ses composants, par aussi ces sortes de regards psychiques pénétrants, par le Regard lui-même. Charger, signifierait alors Dégager en vue de la conscience. Et si un esprit est chargé, il captera les ondes émises par les astres, par l'ailleurs psychique, par ce qui l'entoure et par les autres émetteurs comme lui ; de même, il chargera les milieux physiques et psychiques où il évoluera, pour leur plus grand bien. Une société future se devra d'être composée d'éléments qui en formeront l'équilibre par les liens qu'ils jetteront entre eux et les réalités qu'ils décideront de créer. Et ce, tant par les sciences occultes, par le simple regard ou une simple pensée. Ces liens seront l'apanage des esprits supérieurs qui auront été chargés par la machine ou qui se seront chargés eux-mêmes par d'autres pouvoirs.

Pour ajouter à ce que j'émettais comme possible plus haut, je pense qu'il peut devenir techniquement réalisable d'inculquer la connaissance instantanée d'une science à un élu. Un des graves problèmes que les chercheurs auront à résoudre sera de savoir si, en même temps, ils pourront lui en inculquer la pratique. Ou bien si, à partir de l'impact foudroyant de l'expérience auquel il aura été préparé, il devra progresser en pratique suivant la progression du temps à ce moment-là. Et plus loin encore, l'homme pourra transplanter la science, isolée au préalable à partir d'un esprit fort, dans un esprit inférieur pour équilibrer les échelles de contacts humains ici et là-bas.

La seule survie de l'homme réside dans la croyance illimitée de ses pouvoirs, illimités pour longtemps encore.

Réflexion parallèle

Graphique-résumé de ce qui précède :

1. Au niveau de l'esprit tactile (isolant) ; la CONNAISSANCE ou l'AGIR DE L'INTELLECT.

2. Le retard et l'interdit pénétrables opèrent avec un retard constant quand même évolutif et les pénétrations de l'INTERDIT constantes ; les deux étant parallèles jusqu'à la zone existante de l'ÉVEIL.

$$\frac{\text{retard évolutif}}{}$$

$$\frac{\text{interdit pénétrable}}{} \qquad \frac{Y}{X}$$

y : volonté de dégagement et de pénétration.
x : Interdit pénétrable ; donc homme libre possible*.

_____

* J'expliquerai plus loin où se situe l'Éveil, c'est-à-dire dans la Limite parallèle.

Autre introduction

Avant de toucher à la poétique elle-même, je tiens à dire que le seul véritable niveau de la Peur (dénuée de tout ce que l'on y rattache habituellement) — c'est-à-dire de l'INQUIÉTUDE face à l'ailleurs-ici et là-bas — réside dans la réalisation d'une vie des dessous de la matière. Dans le règne de l'anti-matière ? Probablement.

Certains êtres « voyagent » parce que parvenus, chacun à leur niveau, à un certain degré d'évidence face à l'Inconnu. Si on regarde les maladies du corps présentes, on peut s'apercevoir qu'elles sont des concessions des zones hautes voltées de ces êtres face à des couches paranormales et existentielles. Mais heureusement la marge se rétrécit, et l'homme a de moins en moins le temps dans le dos ; il commence à l'isoler et à l'emmagasiner. La marge se rétrécit entre le conscient et l'inconscient ; sera malade qui le voudra bien.

De plus, la part de liberté possible maintenant pour un être donné réside dans le fait qu'il peut, avec sa vulnérabilité qui l'équilibre (pour un certain temps encore), voyager durant des périodes plus ou moins prolongées (suivant sa densité) dans l'inexploré officiellement, avant son intervention directe. Ce qui nous reporte à Infra qui exige l'expérimentation sous toutes ses formes.

Un homme libre est un homme qui peut subir, engendrer ou donner des chocs, de quelque densité qu'ils soient. Il y a des chocs pour l'esprit moyen autant qu'il y en a pour les initiés. Il s'agit de travailler à se dégager, c'est tout. L'esprit a des propriétés fantastiques.

Qui n'est pas assez fort pour devenir inquiet, tourmenté et effrayé face à ce qu'il porte et ce qu'il y a autour, ne mérite pas de vivre.

Les intérieurs sont à mettre à jour le plus cons-ciemment possible.

La poétique

Il ne s'agit plus d'une poésie au-dessus de la réalité, mais bien de la réalité conquise sous tous ses angles.

Cosmicité de la poésie à caractère mathématique, par cet aspect déductif, c'est-à-dire qui déduit le texte issu d'un processus d'isolement et ensuite de regroupement.

Déduction dans l'approche de ma poésie et mise en branle d'une dissection des voyages cachés ; car j'ai vu, isolé, construit et enfin vu.

L'écriture automatique ne s'imbrique plus dans l'ère technologique où nous sommes. Le résultat doit être connu à l'avance et mis au point avec les instruments du langage. Voilà pourquoi Infra parle de voyage au préalable.

Le risque est ici dans le non-risque ; il y a encore en poésie moderne une couche imprévisible, mais il faut travailler à l'amincir. En laboratoire aujourd'hui, on prend de moins en moins le côté imprévu de l'expérience, même si la recherche en exige toujours une part.

La précognition est une des forces à construire chez l'évoluant.

Il faut ouvrir le langage comme une noix, pour voir et émettre son sens caché.

En arriver à l'abstraction neutre, au symbole dépouillé du superflu, à la mise au blanc de toute vision.

La songerie ne doit pas être dissociée des pouvoirs de fixité du poète toujours anticipatif, post-existentiel.

Possibiliser une poésie génétique qui, en émettant, construirait, engendrerait d'autres dimensions et emporterait dans l'impénétrable ; une poésie en constante recherche. Une poésie axée sur les deux racines grecques : *gen, gon.*

Un langage de la bacchanale des symboles ; ils sont assimilables à n'importe quel milieu ou contexte, et dans ce que tous les poètes du respect appellent lettrisme, ils n'ont pas leur place. Ils sont dans le Possible. La densité de ces symboles en fusion poétique survient surtout quand on les fait évoluer dans des univers complètement étrangers à leur état premier, à leur signification première.

Il existe invariablement un langage dans les dessous du « connu » (c'est-à-dire du pas encore connu tout à fait). Mais à cause de l'ignorance, de la bêtise des individus, de la part faite par l'information à la recherche du langage, de l'acceptation généralisée de la facilité, de l'art, et de ses belles réalisations qui sont opérées par des artistes aux menottes qui, eux, sont subventionnés par des trouillards se complaisant dans la musique de chambre, dans la poésie et la peinture du dimanche, le retard est grand.

Je suis porté à croire qu'une réincarnation ou une survie seraient possibles pour ceux qui auraient toujours été en état de transe, inquiets.

Une sorte d'élite possible ailleurs, sauvée de la contamination.

Il est devenu impensable que le langage et l'image poétiques ne soient pas transformés en langage pratique et en image réelle par leurs liens de plus en plus poussés avec la science et d'autres disciplines de recherche. L'hermétisme est disparu, sauf dans la tête des rationalistes. L'image ne peut plus rester image et uniquement image, ce que ne croyait pas Breton ; et, par là, j'entends l'image concrétisée par un esprit conscient, tant dans l'espace du dedans où les associations les plus invraisemblables sont assimilables en vue du voyage qu'elles portent, tant aussi dans l'espace du dehors où la recherche scientifique peut cicatriser l'image poétique la plus « dénuée de sens » lors de son émission par le poète préméditant le réel à conquérir. (L'Ailleurs-Ici.)

La poésie est une agence des Voyages du dedans et du dehors qu'il faut inter-fondre.

Poésie vraie dans un envol continuel et prémonitoire.

Dans l'exploration par l'image dans l'inconscient.

Zone Poétique

Emporté dans une vitesse statique à l'intérieur même du Cosmos à nu et pénétrable. Visions instantanées des composants du cosmos, absolument isolés par ma pensée lors de la vissation dans l'inconnu à ce moment. Plus loin encore, des Superpositions.

Des alliages de symboles qui électrocutent, après les avoir vus, qui se normalisent mathématiquement dans le poème.

Hypertension densifiante, aveuglante, envoûtante et isolante.

Déclassification (isolement) continue et tangente, passant dans les deux sens et dans tous les sens.

État dynamique de l'esprit effleurant l'image et ainsi pénétrant du cosmos et de l'illimité en l'homme.

Le Possible étant absolu

Ce processus de la recherche poétique opère toujours dans un état de grande réceptivité de cet esprit que l'on acquiert par une recherche toujours plus poussée et lucide de la Conscience.

DONC

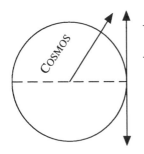

– remise en question continuelle – l'être libéré
– déclassification effleurante et pénétrante en vue du regroupement pour l'émission de l'image précognitive.

Réflexions parallèles

Tout ce qui existe est miracle, à cause des retards incommensurables qu'assume la Conscience.

Un être catégorique devrait se voir interné comme fou dangereux.

Un *peut-être* prononcé cosmiquement est incalculable.

Il faut que le Possible absolu soit expérimenté, rien d'autre.

Avec le Retard généralisé, deux êtres, maintenant, qui seraient infiniment sur la même longueur d'ondes, éclateraient.

Tant que cette planète-ci n'aura pas été identifiée intégralement, que ce soit par les pieds, les yeux ou l'esprit, personne ne pourra la quitter intégralement à cause de certains pactes avec l'ici qui n'auront pu être effacés par la Conquête du soi et du cosmos.

Vivre, c'est com-prendre jusqu'à l'os.

La matière est sensible ; il est une sorte d'humanisme de la matière dans les dessous du réel. On ne peut toucher une pierre impunément*.

---

* *Les Mondes assujettis, Danses ailleurs,* 1965.

Sur le Regard

Admettant, en partant, que l'œil a des pouvoirs illimités de pénétration du réel et qu'il peut amener le visionnaire dans une autre réalité vitale pour lui dans l'après, je puis émettre comme possible, l'isolement de ce que l'on appelle *regard* pendant qu'il s'opère. Il faut aussi, pour cela, possibiliser la matérialité de l'atmosphère*.

Une matérialisation des longueurs d'ondes du regard, un arrêt du laser.

Un regard véritablement vissé pourrait, et pourquoi pas, être schématisé par la machine ou même matérialisé dans l'espace du dehors (le dehors de l'émettant).

Le regard deviendrait alors une prothèse de l'atmosphère environnante que l'on pourrait étudier à loisir dans ses rapports avec l'esprit qui l'a émis, sa puissance énergétique une fois emmagasinée ; de plus, ce regard isolé pourrait être étudié selon les différents niveaux de densité, proportionnels à la densité des paliers sur lesquels on veut le faire agir en métapsychique. C'est-à-dire que l'utilisation de cette densité isolée au préalable ou de cette vissation occulte s'entend, se situe véritablement dans le domaine de la métapsychique ; car la science n'a pas encore délimité les pouvoirs de l'œil du dedans et de l'œil du dehors ; l'œil du dedans pouvant être la télépathie, la psychanalyse de recherche, tandis que

---

* *Calorifère*, « Opératio ». Et, de là, le pouvoir et la possibilité de fixation du regard est mis au clair, isolés en, et à partir de l'homme.

l'œil du dehors serait l'œil physique, toutes ses possibilités étant mises à jour et employées, elles aussi dans la recherche de l'infiniment caché.

Sur le Complexe et autres

Le complexe, porteur de forces affectives et phénomène psychique enfoui au plus profond de l'homme, ou à différents niveaux, est peut-être de forme, de poids et de dimension détectables ; et, à partir de là, isolable, donc opérable ou destructible.

Qui sait si l'homme n'est pas composé de milliards de phénomènes indépendants de sa personne... à un point tel que le gigantesque et merveilleux équilibre de force de ces interdépendances le constituent, parce que ne le constituant pas officiellement.

L'amour serait de forme ronde, tel autre sentiment de forme hexagonale. Les complexes étant comme des transistors de différents voltages et de différentes formes, suivant leur degré d'incrustation dans l'esprit du complexé.

Chimiquement, dans une autre dimension, un complexe pourrait être composé de divers éléments et il pourrait en être de même pour l'infiniment caché en l'homme.

Je crois qu'il existe un champ de composants (tant physiques que psychiques) de l'homme qui sont isolables du contexte où ils évoluent, donc qu'ils sont guérissables indépendamment ou éliminables, et ce sans crainte d'altérer les autres réalités organiques du corps et de l'esprit.

Chacun de ces composants vivant ou mourant (pour le moment du moins), de façon absolument indépendante du reste, donc agissante par le fait même sur ce même reste et en faisant partie intégralement.

Le 1 n'a absolument pas besoin du 2, pas plus que le 2 n'a besoin du 1 ; ils exigent, ou mieux, ils vivent (évoluent) de leur indépendance intégrale. Mais la DUALITÉ en tire aussi son existence... 1 et 2 n'étant pas vitalement associables comme les composants physiques et psychiques de l'homme, mais 1 et 2 l'étant quand même absolument dans la dualité, de même que les composants le sont dans l'Humain.

Quand je dis que ces éléments Infra-structuraux sont isolables, je ne situe pas la possibilité de la matérialisation de ce processus d'isolement dans l'univers organique de l'homme tel que la science, soit médicale ou autre, le connaît... Mais bien dans cet autre état organique en arrière de l'homme, dans l'irréalité psychique de l'homme qui est en fait sa seule Réalité.

C'est sur le double que s'échafauderont la liberté, l'Éveil et la Conscience du muté.

Sur ce double que nous portons avec une sorte d'évidence atrocement imperceptible... encore.

Poétiquement, on peut y aller parfois quelques secondes, mais en sachant très bien avant de partir qu'on n'en rapportera presque rien.

Les ailleurs ne se laissent pas scruter sans rançon.

Notes parallèles

À partir de l'infiniment profond en l'homme, dans les parages d'un complexe millénaire allant s'accentuant à cause des différences de fréquences entre les découvertes et les pouvoirs de captation endormis en ceux auxquels s'adresse le message de ces recherches, je pense à un complexe du siècle que j'appelle la *Panique*, on peut arriver à la schizophrénie, pour ne nommer qu'une des plus courantes paniques du siècle ; par exemple, chez un être d'intelligence moyenne, elle serait l'épanchement direct d'un romantisme enfoui dans le psychisme, romantisme qui se manifeste par ce vouloir constant de se refermer sur soi ou dans des fétiches. À ce moment-là, le malade, au lieu de se détacher pour aller plus loin, s'acharne. Chose certaine, cette « maladie » de la panique que j'assimile à la maladie que j'ai prise comme exemple se retrouve chez la plupart des gens que la société considère comme normaux.

De plus, il est indéniable, chez le schizophrène par exemple, qu'il existe des rapports entre la dimension où se trouve ce malade et les zones de l'ailleurs ou de l'arrière-réel que les techniques modernes tentent de scruter et de déchiffrer.

C'est probablement dans les univers de ces « malades » qu'évolueront les mutants de Demain les plus équilibrés. La néophobie est aussi une des épidémies psychiques de ce XXᵉ siècle.

Puisque je parle de « maladie », j'aimerais parler un peu des rapports que je vois entre la paranoïa et l'aspect satanique des civilisations que l'on connaît par les écrits anciens, les récits, les recherches et certains pouvoirs de la nature et de l'homme. Satan, et tout ce que l'on peut rattacher à l'image floue de ce que l'on en connaît, serait en quelque sorte le père de la paranoïa moderne.

N'est-il pas l'un des premiers qui se soit manifesté comme paranoïaque dans les écrits anciens, avec le prophète Jésus et le père de ce dernier...

Le danger satanique des civilisations contemplatives et de l'homme éveillé, c'est l'orgueil.

Qui sait si d'autres puissances extra n'agiront pas sur nous quand l'imminence de la rencontre sera grande, sous la couverture de dieu ou de satan. Il faudra alors que l'homme et ses robots soient tout amour et toute puissance.

L'Ailleurs et l'Ici, parallèles

Les divinités diverses qui empoisonnent les masses ne sont que les symboles dont l'Inconscient voilé en l'homme a besoin ; mais ce même Inconscient est à ramener au niveau de la Conscience pour la plus grande liberté de l'homme. Ce que les esprits inférieurs appellent céleste est ici, en dessous, là.

Le problème des liens définitifs avec l'état de conscience réside dans les différences de fréquences entre le connu et le caché.

Au sujet d'une rencontre éventuelle avec les puissances du caché, il faut préparer son soi et les autours ; que ces forces soient physiques ou spirituelles ; et il faut se tenir prêt, même si toutes nos recherches présentes sont centrées sur des univers qu'elles ont connus depuis longtemps et qu'elles ont infiniment dépassés. Il s'agit donc pour l'homme présent de suivre la trace de la Conscience qu'ils ont connue par la recherche et de tendre le plus rapidement possible vers la Connaissance.

La lune et la parapsychologie sont des étapes bien primaires de l'évolution... et quand on se met à calculer le temps qu'il faudra à tous les hommes pour pratiquer la lévitation, on réalise la vastitude des Temps.

Dans cette odyssée de l'homme jusqu'à Lui-même, il devra s'armer intrinsèquement, et ce, sans crainte de conséquences néfastes possibles au niveau du corps ou de l'esprit. Ce n'est pas grave s'il y en a qui deviennent fous, il y en a déjà, et ça ne dérange pas tellement de gens... s'armer implique recherche poussée à bout, les pertes étant acceptées à l'avance.

L'Ailleurs-Ici

Les ondes de l'Ailleurs, tant dans l'espace que dans le dedans de l'homme, se manifestent moins officiellement aux masses ; c'est que l'homme s'approche de plus en plus de l'Ailleurs-Ici, c'est-à-dire de la Connaissance de toutes les dimensions qui nous entourent et qui nous composent. Ce qui évidemment n'est pas pour Demain. Mais il faut gruger le réel et le caché de plus en plus lucidement. Donc, comme nous nous approchons de plus en plus, le caché émet de plus en plus bas, ce qui exige infiniment plus de réceptivité de notre part. Il faut être de plus en plus aux écoutes de l'insolite. La marge se rétrécit, car l'homme avance...

L'inconscient va alors sembler de plus en plus éloigné de notre portée, ce qui n'est pas le cas ; car l'esprit, en général, de même qu'en spécialisation, allant se dimensifiant, l'inconscient, dans les parages duquel nous évoluons de plus en plus, va donner l'impression que nous nous en éloignons, alors que nous sommes dans son orbite.

Les masses vivent et respirent un surréalisme qui n'est quand même pas si vieux que ça, tant en publicité que dans leur vie de tous les jours, et elles ne s'en rendent plus compte : c'est normal. Et toutes les formes de pensée et d'évolution vont entrer dans le quotidien à une vitesse de plus en plus fantasmagorique.

Je disais que les forces de l'Ailleurs émettaient de plus en plus bas ; en effet, certaines forces ne sont pas intéressées à être pénétrées par l'homme, car l'ignorance où elles voudraient bien le tenir est leur seule chance de survie. Mais l'homme devient de plus en plus réceptif et pénétrant. Les secrets se diluent devant lui et c'est justice, car il cherche, il se cherche.

Quand je parle de réceptivité, j'entends que les pouvoirs du dedans allant s'accroissant chez l'Homme inquiet, il devient proximal de la zone de contact avec ses ailleurs profonds, c'est-à-dire avec lui-même.

L'homme porte une sorte de cargo-culte face à l'Ailleurs ; ce cargo-culte, c'est son attitude face à ce dont il a peur, comme dieu ou certaines de ses réactions. Ce cargo-culte se compare à l'attitude du primitif qui voit un avion pour la première fois et qui l'adore. Il implique nécessairement un aveuglement et une peur de pénétration des composants de l'objet ou de l'image qui communique cette peur retardataire et, par conséquent, le négativisme qui en découle voudra l'immuabilité de cet objet ou de cette image. Alors que l'évolution positive exige la démystification et l'exploration des phénomènes qui régissent ce dont on a peur. Ce cas-ci résiderait dans les rapports de l'homme avec son inconscient, inconscient qu'il a peur d'explorer ou d'altérer pour différentes raisons. Alors il se réfugie dans l'acceptation et la noirceur. Ce qui retarde effarément les contacts de tous les hommes avec leur Ailleurs.

Ceux-là seulement qui portent une inquiétude constante et positive (cf. Infra), une réceptivité des liens de l'univers connu et à connaître, de même qu'un sens de la recherche, savent ce que c'est que la liberté de vivre Demain.

Il faut toujours aller au-delà de toute phénoménologie concevable et conceptuelle.

Dans le rêve, par exemple, les mouvements, les actions, les situations, les voyages et les superpositions s'opèrent toujours dans le bon sens... quoi qu'il semble ; car, chez lui, la réversibilité n'est pas un état ou un pouvoir de renversement, mais bien une suite continue et linéaire d'images et de situations... Ce ne sont que les lieux où il plonge qui s'intercalent et qui créent le dépaysement propre au rêve, tant pendant qu'au réveil... Réveil d'ailleurs qui n'en est jamais tout à fait un pour celui qui se replonge ou qui dissèque son rêve. Car si on parvient à normaliser son rêve, la marge entre l'inconscient et le conscient se rétrécit.

Le rêve n'est jamais invraisemblable. Il est toujours possible dans l'Ailleurs. Il est l'état qui permet, suivant le psychisme ou la condition physique ou démographique du rêvant, d'amener ce dernier durant un certain espace de temps, dans des Zones qu'il effleure toujours étant éveillé, mais qui lui deviendront de plus en plus accessibles vraiment Éveillé, s'il sait s'employer à se développer à un point tel qu'elles lui seront pénétrables ; chose certaine une entrée dans l'Ailleurs-Ici est devenue déjà le seul lieu *oxygéné* pour certains esprits en quête d'ataraxie et d'Éveil, pour la poussée plus avant de l'Homme vers l'état de Conscience. Ce qui surviendra bien après notre découverte d'un dixième ou d'un millième soleil. Cet Éveil se situe dans une complicité merveilleuse entre le Dégagement (éclat de rire) et la Contemplation totale.

De plus, il va devenir vital pour tous de regarder plus intensément du côté du fantastique.

Quand tous en seront capables, les Pouvoirs vont s'intensifier à l'infini.

Et plus loin encore, toute puissance au niveau d'un esprit dirigé infra-cosmiquement, toute pensée émise à l'inconnu, toute volonté de vision dans l'Ailleurs-Ici, toute tentative psychique de communication avec le Là-bas et une foi dimensionnelle dans l'existence de forces de perception en dehors de nous, de même que la moindre longueur d'ondes déclenchée entre les hommes et l'Autour, accéléreront les contacts avec l'inexploré cosmique, tant dans l'esprit que hors de l'esprit.

Personne n'a le droit maintenant, sous peine d'annihilation intégrale, de ne pas opérer dans ce sens, Infra dénonce tous ceux qui sont ou qui se sont le moindrement fermés. Tant dans leur art, dans leurs inter-chocs humains que dans leur personne. Mort à ceux qui n'émettent pas ou qui ne croient pas à la pénétration, quelle qu'elle soit. Et c'est parce qu'il est tellement facile pour certains de ne pas se sentir visés, qu'ils sont évaporés à jamais... bien avant de pourrir. En ce siècle-ci, tout homme qui ne porte pas une connaissance plus ou moins poussée du Fantastique, est mort-né.

Il faut même, à un certain niveau, devenir porteur d'un irrespect absolument incompréhensible par les autres, sauf pour soi-même... d'un irrespect qui est en fait celui de ceux qui regardent agoniser les autres... irrespect fait d'amour et d'abjection. Amour par le seul fait d'être et de le permettre pendant que les autres sont aussi... ; abjection, parce qu'au fond, l'homme exècre toute image de lui-même, surtout au niveau de la mort. Et la vision continuelle de cette image lui est exigée par la présence de ses semblables... sans qu'il l'ait voulu. Il n'y a rien de plus terrible que cette constante tyrannie visionnaire de l'homme sur lui-même, lui qui veut être seul et qui n'en est pas capable, lui qui se voit jusqu'à en mourir, sans l'avoir demandé. Et cette mort, ce n'est pas sa libération, comme le pensent certaines philosophies décédées, mais bien uniquement et terriblement sa fermeture des yeux... n'en pouvant plus de se voir ici... abject en sursis. Pour certains qui ont effleuré la Conscience, il s'agit d'aller survivre... ceux-là décident physiquement de regarder Ailleurs. La réincarnation, c'est vrai pour celui qui l'aura engendrée. (Ce n'est pas vrai en tant que raison de mourir (1976).)

L'homme évolue, miraculeux, dans une mer de miracles constants. Il est miracle. Et isoler les composants du réel, permet de conscientiser les miracles encore incalculables dont il est fait.

Si l'on savait seulement totalement les miracles d'existence du réel palpé et du réel à palper...

Il ne peut pas ne pas y avoir quelque chose en arrière, car la Magique ne peut être tronquée.

L'état hallucinatoire provoqué par un esprit lucide, c'est-à-dire par un esprit qui, par son seul pouvoir, se détache, est très probablement tout un côté de l'État Premier ; dans le chapitre sur la courbe, je traiterai de l'éclair des commencements, soit de cet instant précis où l'homme touche à la conscience. Et cet état premier, il faut vitalement le pénétrer ; vitalement, implique la SURVIVANCE.

Cet état ne se trouve pas en arrière de nous, comme nous serions portés à le penser, mais bien partout où ça n'implique pas de retour. Ceux qui reviennent en meurent... ; de même, ceux qui ne partent pas le plus souvent possible. Les voyages vrais ne s'opèrent pas nécessairement sous l'effet de drogues, mais bien par un effort psychique constant et toujours plus poussé. L'État premier est en fait l'état d'une conscience qui a engendré (*gen, gon*), matérialisé sa pensée au point de l'humaniser, de la rendre énergétique. Chose certaine, l'état hallucinatoire (qui n'est qu'un infime moyen de Connaissance) acquis, soit par expédients ou par pouvoir psychique, est une préfigure de l'état et du lieu où l'homme épanoui, dégagé et muté évoluera ; sûrement une pénétration passagère, mais quand même à notre portée, dans des univers tellement près et tellement réceptifs, que l'homme « encore ici » prendra un temps infini pour les percer. Rien n'est loin ou hors de portée, c'est la conscience qui ne les perce pas. Tout est là, à côté, dans l'arrière-réel, Ici... Il est l'heure de légaliser certaines drogues inoffensives, que la loi rend mesquines et qui pourraient ouvrir l'esprit des aveugles. Pour terminer ce chapitre sur l'Ailleurs-Ici, je dois dire que face à un langage qui sort de l'ordinaire littérature, l'hermétisme ne réside que dans la tête de ceux qui ne sont pas capables de déclenchement au contact de l'œuvre vraie, soit celle des emportements.

De plus, la véritable hystérie d'un esprit envolé ici et lucide est celle qui provoque des mutations positives et le transit entre la conscience d'être un homme et celle d'en être un autre ailleurs, en arrière... Infra-réel. Le reste n'est que dérèglement et spectacle. Je vois le passage à la Conscience comme une traversée du mur du son. Ça fait CLAK...

Voyages, hystérie magnifique, hallucination à froid, à blanc, vissation de l'esprit dans l'inconnu, liberté des grands branle-bas et des secousses sismiques du dedans.

J'appellerais ces lieux la dimension Silence de Zones sifflantes.

La Conscience

1. Par l'esprit tactile

Il ne peut plus être question de rationalisme et de cicatrisation sans retour dans l'évolution fantastique de l'homme.

Nous en sommes à créer des univers où règneront un autre langage, d'autres pouvoirs d'émission et de captation, ainsi qu'une conscience cosmique acquise.

Que l'esprit soit malléable, dimensionnel à l'extrême, dans tous les sens, continuellement inquiet et dégagé.

Que l'on ne m'engomme pas avec des incantations romantiques, le yoga et toutes les formes du retard. Il s'agit maintenant de Connaissance et d'*accuracy*.

L'homme doit s'insensibiliser pour parvenir à la contemplation de son œuvre dans les Demains.

Il faut *pressurer* l'existence pour en faire sortir l'arrière, l'essence et ensuite la conscience, soit la LIBERTÉ. Après le vouloir de pénétration de l'inconscient, l'homme doit mettre en branle l'expérimentation pneumatologique à tous les niveaux, pour tous les initiés et les inquiets. La matière elle-même produit de l'énergie et l'énergie matérialise, et ce, tant au niveau de l'esprit ou du psychisme (pensée émise, regard, etc.) qu'au niveau matériel pur.

Une pensée, par exemple, dégage une énergie dans certaines zones localisables ; elle peut se matérialiser. Je me situe toujours ici dans les Demains.

Le bois, qui tient en soi à un point tel que l'énergie qu'il dégage fait que c'est du bois, en est vraiment quand le pouvoir d'isolement a été mis en branle. Et le bois, que ce soit table ou poteau, émet une énergie. De là, je crois à une sensibilité de la matière ; je veux dire par là qu'elle se sait, indépendamment de notre savoir qui délimite les composants du réel. Un esprit qui opère l'isolement et qui voit, pénètre ainsi les fibres du cosmos et des dimensions effrayantes. Un jour, la matière ouvrira la bouche. Elle sait et elle émet ; c'est parce que l'homme est sourd, qu'il ne la situe que dans sa surface, soit la matière inerte. Mais je crois qu'il n'y a pas lieu ici d'élaborer cette théorie de l'humanisme de la matière ; ce qui, cependant, pourrait être le sujet d'un autre ouvrage.

Donc l'esprit tactile, c'est-à-dire la matérialisation par l'esprit de l'onde d'une pensée, d'un vouloir pénétrant, isolera et cicatrisera de plus en plus l'Ailleurs où évoluent les Puissances. Il y aurait même la possibilité de la création d'un plan des différents pouvoirs du psychisme, une sorte de carte de la situation de chaque homme par rapport à ses autours, avant, pendant et après ; carte qui lui schématiserait les univers dont il procède.

J'entrevois une déontologie cosmique qui serait émise par les esprits les plus dégagés. Et c'est précisément dans l'Uniformisation que réside le problème de la conscience accessible ; il serait absurde cependant de demander à certains esprits d'attendre les autres. Mais il ne faut pas en rejeter la possibilité... après demain.

De plus, dans ce lieu limite entre ce que l'homme connaît jusqu'ici de la prudence et ce que j'appelle la belle imprudence, tout arrive quand même... Pourquoi alors ne pas s'ouvrir sur une imprudence positive, sur une recherche intégrale, sur l'émission continuelle de l'esprit tactile de l'arrière-réel, tenter de savoir le mieux, le plus rapidement et le plus profondément, de quoi nos fibres sont faites ; et aussi quel est le point limite entre la Compréhension et la Connaissance, jusqu'où l'homme ira pour la possession lucide de ses moyens d'assimilation des Temps et des Univers.

L'homme doit courir la chance de l'homme le moins longtemps possible, s'il veut jouir un jour de l'être, son esprit étant complètement éveillé. Ce qui se situe infiniment plus loin que le fait de savoir qu'il est un homme ; et ce dernier palier est bien loin d'être franchi. L'inconscience règne...

C'est en cherchant lucidement et étant porteur de la belle imprudence qui, elle, implique l'accélération des expériences en cours et à venir, que l'homme pourra accéder à la conscience plus rapidement.

Certaines croyances ou philosophies très sérieuses veulent qu'il y ait des temps limites, des jours d'expiration, au sein de l'évolution, pour certaines réalisations. Par exemple, si l'homme doit découvrir tel rayon, il a un temps défini pour le faire ; sinon les influences évolutives le feront revenir, aller plus loin encore ou rester statique. En évolution, tous les mouvements, quels qu'ils soient, sont évolution quand même. C'est donc dire qu'à cause de la peur, des

248

préjugés, des lois, des cadres, de la prudence maladive, certaines découvertes ou réalisations seraient annihilées ou bifurquées en attendant de reparaître sous une autre forme, qui peut très bien être plus faible. Ce qui, encore une fois, est terrible pour les humains.

Un homme qui n'est pas tenté tous les jours de savoir, quelle serait sa réaction s'il s'implantait carrément dans un univers qui lui avait toujours été étranger ou, encore, quelle serait la réaction de cet univers face à telle expérience, cet homme, dis-je, mérite l'oubli des autres, ce qui est bien pire que tout ce qui pourrait lui arriver. Dans les univers fantastiques où nous nous dirigeons, les techniques nouvelles et la machine vont rapprocher les hommes, quoi qu'en pensent les romantiques, mais ceux qui ne seront pas capables d'être seuls vont en mourir.

2. Par la dynamique-statique

Ou le lieu des inter-dépendances, d'un dégagement au-dessus et Infra en même temps, d'un mouvement statique, d'une versatilité rigide, ou l'état d'esprit de celui qui a trouvé la lumière.

Jusqu'ici, les théoriciens avaient situé la statique d'une part et la dynamique de l'autre.

Je suis certain que l'interfonte des deux donne la dimension exacte où se situe l'Éveil. Dans le 1,0 et le plus 1... Tous les trois étant au même niveau et de la même densité dans un signe plus (+) sans fin.

La dynamique-statique est l'état des puissances qui nous gèrent sans nous gérer aucunement. Cette force exige un retour sur soi et sur le réel ; il n'est

249

plus question de se quitter ou de quitter. Sur, c'est fini. Dedans et Dessous sont fonctionnels maintenant.

Elle exige aussi une patience infinie ; il faudra que l'homme soit capable de ne rien faire indéfiniment, dans les univers futurs. Et ceci n'est qu'un côté de la Contemplation. Combien pourront trouver le bonheur dans la non-attente ? Il est un pouvoir de globalisation par le regard du dedans et du dehors et par une conscience contemplative du réel nouvellement conquis, agissante sur l'évolution multi-mobile de ce même réel. Plus loin encore, je dirais que toute recherche véritable dans la dynamique-statique, est faite de retard... et que c'est de l'attraction du temps sur lui-même qu'est sortie l'évolution qui, elle, n'est qu'un stade primaire dans la recherche de l'état d'Éveil. Il arrivera un temps où l'évolution n'évoluera plus... une sorte de civilisation de flottement et de rigueur effarante en même temps. Et c'est alors que le passage à l'état contemplatif s'opérera. Le CLAK en pulvérisera naturellement la plus grande partie. Les esprits qui passeront seront dieux.

Avant de passer à la courbe, je dois encore dire que tout homme doit devenir un maniaque de l'émerveillement et de la connaissance, il faut tout technologiser jusque dans le plus futile... manger du fantastique pour se créer des antidotes. Il faut mettre à l'écart tout ce qui n'est pas expérimental, tant à l'intérieur des choses que dans les extérieurs infinis du réel (extérieurs pour un certain temps encore.) Le corps et l'esprit sont des laboratoires, et ceux qui ne s'ouvrent pas auront à en répondre devant des puissances implacables. Que répondra celui à qui il sera demandé par les Puissances : « Qu'as-tu fait des messages que je t'émettais ? »

Dans la recherche de la conscience, je dis que l'homme doit pénétrer, explorer, déchiffrer son inconscient et ses pouvoirs psychiques enfouis, de même qu'il doit opérer sa recherche sur ses autours, le cosmos et le réel. Mais il est un phénomène relatif à la dynamique-statique dans cette recherche, en ce sens qu'elle s'opère en ne s'opérant pas... Il s'agit alors d'opérations latentes et agissantes, voulues et inconscientes.

Le langage des profondeurs se situe à la limite de deux symboles qui semblent être corrélatifs ou contraires, ou même les deux pris ensemble.

Et cette recherche qui s'opère sur les dehors et les dedans tendra à mettre au point un état limite, une zone de co-habitation des symboles.

Un être qui tend vers la conscience à travers les innombrables pièges, méandres et échecs qu'elle exige tant elle n'exige pas, se doit de passer continuellement par les lieux limites, dans les extrêmes inter-fondus, là où d'autres dimensions permettent d'autres phénoménologies.

3. *Plus loin encore dans la dynamique-statique*

Après les temps conquis, c'est l'Éveil ; mais on remarque que ce mouvement part de l'homme et de ses univers, puis qu'il y revient. Celui-là, c'est le contemplatif. On voit très bien alors qu'en dynamique-statique le mouvement est continu et qu'en même temps il n'y a pas de mouvement, que l'on peut tout aussi bien placer l'Éveil au début qu'à la fin ; j'ai déjà parlé d'évolution a-évolutive et d'évolution dans tous les sens à la fois.

La dynamique-statique est l'image et l'état de l'homme en recherche sur lui-même, sur ses autours cosmiques et psychiques, jusqu'à leur avènement dans la conscience ; dynamique, parce qu'il cherche, dissèque, agit sur, et statique parce qu'il n'est pas dans ce cosmos, mais bien en dessous. La dynamique-statique qui est propre aux puissances de l'au-dessus fait qu'elles gèrent tout sans s'en occuper d'aucune façon. Ce sera la force de ceux qui pourront devenir contemplatifs Demain. Procéder de la dynamique-statique réside dans cet état d'esprit de l'Homme qui a com-pris que s'occuper de, c'est de ne pas s'occuper tout en étant occupé. Quand je parlais des effleurements pénétrants (« Le Rien accessible », dans *Calorifère*), c'était la dimension et la condition de l'homme libre. Et cet état d'esprit, porteur des clés du positivisme, sera le leitmotiv des civilisations futures qui seront composées d'hommes dégagés. Les théories qui stipuleraient que la dynamique est du domaine de la création active, et que la statique se trouve ailleurs sont dépassées. L'homme se construit et prépare ses contacts avec les puissances (bien plus loin encore que nos contacts extra-terrestres). Les puissances du caché nous gèrent, en ce moment, en ne s'occupant pas de nous d'aucune façon. Et la dynamique-statique que j'élabore ici est préfigure de leur état contemplatif. La dynamique-statique est équilibre, image de liberté, de foi en l'ailleurs et de conscience. Et pour pouvoir en vivre, il faut absolument être passé par une longue série de chocs, et avoir chargé le réel au point de ne plus être dedans tout à fait.

4. Conscience de l'infinitésimal

Microcosme (1) magique d'univers *Monastiques* (2) comme initiés à des voyages encore Inconnus (3).

1. Le grand et le petit se coulent l'un dans l'autre. Il n'y a plus de petit d'un côté et de grand de l'autre. Il y a le grand-petit dans les dimensions de la dynamique-statique ; ce qui rejoint toute ma thèse de l'Ailleurs-Ici. Tout est moléculaire dans ces zones infiniment cachées.

2. De même, ce caractère monastique et les voyages... (cf. période de flottement)... Partir en étant là, seule façon de partir positivement et de nager consciemment dans les couches inexplorées de mon être cosmique.

3. De même, je peux déclarer que l'infinitésimal est conscient (cf. humanisme de la matière). La conscience n'est pas uniquement attribuable au sensible, elle se rattache aussi à l'inertie sensible, tant à celle de la pierre qu'à celle de l'infiniment petit cosmique : soit l'homme et ses univers (calorifère).

Donc le grand et le petit s'interfondent pour ouvrir d'autres dimensions aux rapprochements avec l'état de conscience ; il existe invariablement un esprit sensible, une sorte d'humanisme de la matière pénétrable, tant dans le là-bas que dans l'ici, tant dans le macrocosme que dans le microcosme : une micromacrocosmie (M.M) de l'univers et de ses composants (M.M.= dynamique-statique).

5. La courbe théorique

Vibrations... Fibres... Tous les sens à la fois...
ÉQUILIBRIUM
Dans la courbe (par L'imaginaire).

Force véritablement possédée par celui qui s'est pénétré et, connaissant en conséquence ses réactions passées, présentes et à venir, il peut pénétrer plus à fond l'essence des êtres et des choses pour canaliser les vibrations dont ils sont composés, les amenant à l'état de Conscience. Mais celui-là ne posera aucun geste concret, ne fera rien qui tendrait à les amener à cet état. Car le seul fait de sa conscience acquise, et les liens qu'elle émet, amènent les autours à cette même conscience. Tout gérer sans s'en occuper. L'Homme-Demain émettra, il ne s'impliquera plus.

Et une force qui résiderait au sein d'un autour faible ne pourrait pas ne pas influer sur ce même autour. Je dis que celui-là ne posera aucun geste, car eux seuls sont capables de s'approcher de la conscience ; il est terrible de penser qu'elle réside en tout homme à différents niveaux plus ou moins éclairés. Ils sont capables de s'en approcher en captant les ondes émises par les dessous de l'univers, en globalisant les regards du dedans (courbe), en intégrant leur présence et associant les divers composants du réel tout en les dissociant. Savoir qu'à l'autre bout de l'objet ou de l'espace visé, il y a ce moi qui agit. Com-prendre jusqu'au fond, les interinfluences dans l'univers. Un regard, que ce soit une pensée (regard du dedans), ou l'œil (dehors), a toujours deux extrémités, soit l'émetteur et le récepteur. Il faut devenir complice des univers où nous évoluons. Et participer à la conscience, c'est être parvenu à associer le premier et le second. Un être conscient est un être qui est parvenu à l'*identification*, c'est-à-dire qu'il n'y a rien qui ne soit posé en bloc, même le phénomène qui semble le plus accidentel. Tout est voulu, tout procède de tout. Il n'y a rien qui soit indépendant ; sauf ce que les pouvoirs d'isolement de l'homme auront bien voulu isoler.

Il n'y a rien non plus qui soit en surface ; ça se passe toujours dans les fibres.

Et l'*accident* de deux réalités nouvelles, associées, soit poétiquement ou autrement, tant par le regard du dedans (les sciences psi), et par le regard du dehors, n'est plus un accident ; car l'association ou le résultat de ces réalités ainsi mutées ont toujours existé dans un esprit ouvert. C'est parce que le chercheur s'est penché sur les symboles que la nouvelle réalité a été mise à jour, que ce soit en poésie, en philosophie ou en pratique. À la place d'un *accident* (il n'y a pas de hasard), ce serait une emprise nouvelle-née sur l'état de conscience. À ce moment-là, l'homme en arrive là où plus rien en soi ou en lui ne peut le perturber, changer son soi conscient, le toucher ou le surprendre. C'est véritablement ce que j'appellerais l'emprise blanche de l'homme libre sur la réalité.

La courbe est une droite qui a muté ; l'image du pouvoir de globalisation du regard sur les différents niveaux du réel et une intériorisation de la conscience. Un pouvoir de très grande versatilité de l'homme libre.

D'abord :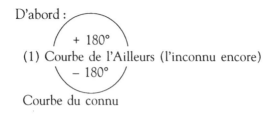

(1) Courbe de l'Ailleurs (l'inconnu encore)

Courbe du connu

(2) + 180°
——— Le à connaître
– 180° Le connu qui est son autre face

Ensuite :

La courbe ou l'éclair des commencements...

1. Les flèches symbolisent le mouvement d'inté-
gration de la courbe dans le cercle jusqu'à la spirale.

À un moment de son évolution (on parle
toujours de la recherche de l'état de conscience), la
courbe implique la droite ; elle s'associe aussi à tous
les sens de l'évolution (réversibilité des temps), tant
celle du mouvement que celle de la statique. Elle est
l'image de l'équilibre, au point de l'éternel infini qui,
lui, est la limite prononçable par mon cerveau.

Plus loin, beaucoup plus après, survient son état
de réception, vital à un autre langage, soit celui des
Ailleurs, des Dessous et des Dedans. Les mots cica-
trisant ces zones sont à inventer.

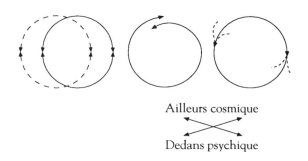

Ailleurs cosmique

Dedans psychique

2. Comme elle est aussi l'image de la versatilité ou de la malléabilité de l'homme lucide, la courbe n'impliquera pas nécessairement le cercle dans mon graphique ; et ce, même si elle peut le former, car elle passe soit outre, dedans ou en dehors de sa ligne. C'est l'image de la puissance de globalisation de l'homme face au réel et à toutes les faces de ce dernier. De plus, comme je le disais, en évolution, tous les mouvements s'interfondent. Elle a le pouvoir de tourner sur elle-même dans un mouvement qui serait celui de la recherche et d'avoir un mouvement dans tous les sens jusqu'à son avènement dans la spirale. Je crois qu'il n'est pas nécessaire ici de parler des rapprochements entre la spirale, le regard et les espaces infiniment grands et petits que l'homme doit découvrir pour toucher à la lumière.

3. Le X serait ce que j'appelle la Limite parallèle, ce lieu limite dont j'ai souvent traité dans les *Émissions* et dans le *Manifeste*. Car, après s'être pénétrée elle-même (2), la courbe se dédouble et, en

évoluant, elle parvient à la zone de neutralité de tous les mouvements. C'est ce que j'appelle la Limite parallèle. Une sorte de lieu de résidence de l'essence de la conscience, de travail contemplatif après le travail lui-même... une évolution telle qu'elle n'en est plus. Un lieu d'Éveil ataraxique. Lieu d'un mouvement statique perpétuel à la limite des infinis du dedans et du dehors... dans la liberté de l'Homme, et dans des univers libérés, la matière étant conquise et contemplée. Je sais qu'il n'y a pas encore de terme pour situer où et quand l'homme en sera à la Limite parallèle et baignera dans la dynamique-statique.

(Peut-être pourrait-on dire ici un bonheur qui n'est plus imaginaire... comme une éternité, 1976.)

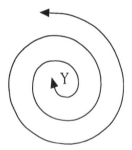

Y= conscience générique et totale

6. Notes pour finir un peu avec la lumière

Il faut avoir entrevu l'existence de la conscience pour parvenir à prononcer *je* consciemment... ne serait-ce que l'espace d'une fraction de seconde. À un certain niveau, il devient terrible de dire : « *Je* mange. » Mais pour cela il faut avoir éliminé beaucoup de superflu et avoir isolé beaucoup de superflu et avoir isolé beaucoup...

Face aux expériences de plus en plus répandues chez l'être explorant son inconscient et ses autours, et face à l'érudition de plus en plus poussée de chercheurs, officiels ou pas, dans les sphères paranormales, il devient évident qu'après la pénétration et l'explication de la phénoménologie de l'Arrière-Réel, la grande part du travail résidera dans le fait de situer ; et ce processus de situation s'opérera en normalisant ce qui avait toujours été considéré comme étant paranormal, en démystifiant le mystérieux, en construisant son esprit de façon à ce que toutes ses dimensions soient pénétrées pour atteindre un état synergique et conscient. Je crois que la santé d'un siècle se détecte dans le mouvement et les continuels bouleversements de sa terminologie. Le XXe en est un prototype.

7. *Les harmoniques dans la courbe*

Celui qui tend, par l'expérience sur lui-même et sur ses autours, à parvenir à la conscience contemplative, ultime degré de la Connaissance, pourra vivre de ses Ailleurs. De plus, il devra passer par l'évaporation de son 98° d'eau, afin que sa conscience libre puisse aller évoluer dans les Hautes Zones porteuses de toutes les clés de la Conscience contemplative. Que l'on attribue ces pouvoirs à l'Homme-Dieu (patience), à Satan (bien et mal), ou aux extra-terrestres (êtres-intermédiaires), ils procèdent tous les trois de la Lumière. En fait, je serais porté à croire que tout ce qui est en dessous de la lumière, ce qui implique aussi celui ou ce qui la possède, résiderait dans la phénoménologie de l'eau et du feu ; dans l'eau, sont inclus : les primates, nous, et l'homme de Demain / dans le feu, il y a les extraterrestres dans le quotidien, l'Homme accédant à la Connaissance et la Contemplation.

Donc, à la base, il y aurait l'Eau, comme un temps indéfini pour un temps délimitable quand même, sûrement pas avant des contacts plus ou moins poussés avec les esprits qui nous gèrent.

Ensuite il y a le Feu.

L'esprit qui accède à ce palier évolue dans ce que j'appelais une zone de flottement. Le temps est alors délimitable, mais seulement quand la lumière en manifestera le désir. Et alors, dans les Demains, ce sera le règne de l'homme et d'esprits, gérant le réel sans aucun corps.

Et enfin il y a la Lumière.

Elle procède de la Contemplation, elle est Inaltérabilité, et elle est aussi la Diffusion des Pouvoirs ; elle est la courbe, mais aussi l'essence de la courbe. *Cette force permet !* Voilà sa force.

Et pour être lumière, elle a dû figer le feu. Elle est la Purification même. C'est le lieu de résidence d'un esprit aux pouvoirs illimités ; que l'on n'attribue pas à dieu ou à satan des pouvoirs purement humains et réels.

Tout ce qui est tenté maintenant doit tendre à amener l'homme à la Lumière.

*

Voilà. Je laisse les éveillés éventuels sur ces deux textes. Il me reste l'Amour et un imperturbable envol :

M'encercle parfois ce repos percutant dans des salles où il me faut crier un Réel à perte d'Infini... dans ces voûtes où est emmagasinée la Magique jusqu'à l'avènement de l'Éveil et jusqu'à l'éventrement par tous les hommes de tous les coffres de la Connaissance.

Je ne manque jamais à l'appel du chlorure aquilin dans des aciers et des gradins au polythène éclatant ou s'affairent déjà des océanautes fluorescents. Hue Bachtrichtocoms. Leurs voix de chambres à air sifflent, déduites du temps aux œsophages enflés d'oublis rouges. Infini respect de nonchalances pour finir, comme si ogiver solitudait en pré-fondeur. Dans le néant habité et plein maintenant, il ne suffit plus de s'isoler comme des poètes, mais bien de tisser des voyages seconditunaux au travers des fibres du temps. Turber sur des turboams comme plistules moirées le long de l'anarchie. Ne plus porter aucun ailleurs-culte, mais déshabiller les dieux et les extras. Gratter dans le fond du fond.

Rêver à froid de rêver de quoi son rêve est fait.

VIII

Pour la grandeur
de l'Homme
(1969)

I

Commencement

Cet ouvrage est dédié à la VIE

il est temps que l'on JOUE à nous

la mort a toujours eu une straight-flush
personne jamais n'a bluffé
on a rien dans le trou

et avec rien dans le trou

on va être les premier à bluffer avec un I.O.U. pas de
fond !

MONSIEUR DIEU

MADAME LA MORT

MM. LES SCIENTIFIQUES

il n'est plus question qu'aucun HOMME meure !

commencez donc à travailler sur l'HOMME

arrêtez de travailler sur le p'tit homme !

VIE ! montre-toi la face ! et vite, avant que je me
fâche !

à partir de maintenant sont dénoncés tous ceux
qui VIVENT du racket de la MORT !*

---

* Dieu n'a rien à voir là-dedans.

Sexagain

à chacune   à chaque fois
on n'en avait jamais vu
quand même majesté des aimants de sexes
et à chaque fois
que ce soit une mante ou pas
on s'aventure
comme si c'était un empire de mille ans commençait

*

les plus grandes joies éprouvées
sont directement issues
du fait du savoir
que l'inévitabilité de la mort se dilue..

Humano-matière

envol de l'usure et du temps qui se complique
l'existence
et qui va même jusqu'à s'imaginer qu'il a le temps
l'os sait
ce à quoi
ce dont
et maintenant
ce parfois
à quoi il tient

tout ce qui est sait qu'il l'est et qui il est
que ce soit le temps ou l'os

*

Ceux qui lisent et s'approchent du difficile
d'accès sont en voie de guérison
être/ c'est aussi avoir foutu en l'air tout sens de
proportion
c'est s'être débarrassé de la décence des volumes
c'est s'être micromacrocosmique
VIVRE comme si on n'était jamais né : VIVRE !

*

plus loin que détente : Dépôt

And Again

... tout est mieux dans le meilleur des mondes

VIVRE À-MORT

... empêcher le mal de mordre : LE FAIRE RIRE

Religieux de corps et d'esprit

il tétait une croyance
comme tous ceux qui se sont donnés à je ne sais plus
qui*

*

la température est une diversion qui a été
créée pour occuper la pensée des gens
pour les garder en surface par ce sujet de
communication
si commun en eux
pour les garder influençables aussi
donc faibles devant les éléments
et surtout pour être bien sûr qu'ils ne parlent
pas d'autres choses tant qu'ils parlent de la
température

---

* L'auteur avec quelques années de recul n'endosse plus ce
texte (1976).

Being a Barbarian Is Being

être comme la plupart le croient
ce n'est pas recevoir ni donner
être ou faire c'est tout de suite être folklorique
donc encore un barbare
passer et vite mais sans disparaître sans se perdre de vue
est la seule chance qui reste à l'HOMME
avec les débuts d'une éternité pour tout l'HOMME
l'ère de la barbarie sera révolue... pas avant

*

dans cet ÉQUILIBRE il ne se trouvera plus d'esprits inférieurs qui souffriront du vertige de leur siècle comme toute la bande de caves qui s'accrochent au passé à la terre mère et à leurs habitudes

et si on reporte de tels fulgurants emportements dans les futurs à l'échelle des masses c'est tout ce qui vit qui ira s'accélérant c'est-à-dire : S'ÉQUILIBRANT... laissant derrière les énormités de retards dans lesquels nous vivons et que nous préparons pour ceux qui viennent...

avec le long chemin qu'il a à parcourir pour se trouver, l'HOMME ne va et n'ira jamais assez ou trop vite comparativement à ce qu'il est capable de prendre

le + avec le x qui le complète signifient :

EN AVANT LE PLUS SÛREMENT ET LE PLUS RAPIDEMENT POSSIBLE

*

je ne peux répondre à ça :
est-ce seulement quelques-uns
ou bien toute la gang qu'il faut faire traverser ?
l'individu ou la masse ?
je n'ai vraiment pu répondre à cette question
                                        Vous ?

*

il est devenu sourd en ouvrant l'échantillon
de microbes en haut du cinquième
il a entendu le vertige de pauvres petites bêtes
désorientées

*

de toutes les façons
ce n'est pas le temps passé (donc donné)
avec les autres
qui possibilise vraiment la compréhension

c'est bien plutôt le fait fantastique de savoir que des
fous
des reclus dans leur esprit
travaillent très fort sur d'autres fréquences
à ce qui se fait vraiment

Rencontres

quand on presse l'intérieur de certains bouchons
il ressort un peu parfois
de ce qu'il y avait dans le contenant
mais le reste reste toujours dans la bouteille
il en est ainsi dans les brèves et surfaciques rencontres
entre les gens de leur vivant

*

Celui-là VIVAIT et HABITAIT là où vont tous
ceux qui partent dans l'orgasme

et qui sortent durant un certain temps donné
de l'endroit où ils ont construit cet orgasme

que ce soit le lit, le bain ou le mur

*

j'habite une épouvante
elle-même bouleversée
à griffes d'angles
à linceul d'œil enveloppant le silence des choses
à fulgure parce que c'est plus fort que fulgurance
à sans retour aucun
de quelque sorte que ce soit

*

la plupart ne partent pas
ils s'envoient des cartes ils changent d'attitude
mais ils demeurent toujours ici
et en plus ils parlent d'amour en recommençant
toujours les mêmes gestes dits intimes ou extérieurs

*

regarder le trou au point de perdre la vue d'ici
pour VOIR ailleurs : VOIR !

*

« On l'a... échappée... belle », diront les très avancés

mais d'autres viendront après l'évaporation de ces
derniers

ils seront tellement beaux et limpides qu'ils auront
laissé tomber la BEAUTÉ elle-même pour se
pencher sur une lumière infiniment plus parabolique

*

IL N'Y A PAS D'ÉCHELLES
TOUS DANS LE MEME BAG À LA VIE VIA LA
MORT

les plus grands sont les plus petits si on crie

c'est-à-dire si on précise où l'on est
on se barreaute tout de suite
la seule importance qui reste c'est l'importance
qui se regarde en face d'importance

274

quand le souvenir disparaît tellement que tous
ceux qui ont souffert rentrent dans l'égalité de
ceux qui ont fait semblant de s'organiser assez
pour ne pas que ça leur arrive à eux

*

&&&fondamentalement MULTIPLIER : UNE
CLEF de la CONSCIENCE

une clef pour l'HOMME qui reposerait sous le signe
de la MULTIPLICATION qui elle est à essence
d'amour et d'une opulence de pouvoirs enfouis en
l'HOMME qui travaille sur l'HOMME à venir

donc un esprit multipliant a toutes les chances
(et plus que n'importe quel autre qui n'a pas compris)
d'être libre et ainsi par rayonnement
d'agir sur son contexte et ses contextants
en établissant des liens extrêmement mobiles et
fluides
dans l'arrière-réel

MULTIPLIER ses puissances internes d'émission et
de perception c'est être capable de pouvoir (ce qui
est déjà incalculablement fantastique) et être
capable de pouvoir se multiplier c'est-à-dire capable
autonomement sans aucun sens prescrit qu'il soit
chrétien ou autre de se mettre au diapason de son
siècle de son esprit et de l'HOMME quelle que soit
la situation de l'un ou de l'autre et quelle que soit la
situation du Multipliant...

275

à ces moments-là on peut parler de la liberté de l'individu à l'intérieur externe de cadres s'éliminant eux-mêmes parce que conscients aussi de leur retard

*

la liberté en fait se promènerait dans cette zone de flottement intégral là où les barrières se dissocient et s'évaporent pour embarquer aussi dans les Grandes Expansions et dans l'ouverture définitive de la VIE qui aura fait com-prendre à toutes les morts qu'elles n'avaient plus de raison d'être

le signe X serait alors un signe + muté dynamico-statiquement... car si on actionne le positif + (car il existe aussi un positif −) il devient une fois expandu un signe X... et si on imagine un seul instant les propriétés infinies du + on peut facilement voir jusqu'où le processus d'une multiplication des pouvoirs positifs de l'HOMME peut aller... et ce en un seul individu.

Humano-matière et machine

dans des groupes de gens, par exemple chez les motards, ce ne sont pas tellement ces derniers qui s'attirent mutuellement et qui forment des groupes plus ou moins distincts, ce sont les machines qu'ils montent et qui s'associent très souvent indépendamment des idéologies de ceux qui le montent. Le bicycle sait qui il est et ce pourquoi il est fait. j'y vois encore une manifestation tangible d'HUMANO-MATIÈRE, il n'y a pas que ce qui vit qui sait — tout ce qui est sait — la force et la liberté d'une machine quelle qu'elle soit c'est d'émaner le phénomène qu'elle n'a rien à envier à celle qui la suit ou qui la côtoie. les machines de différentes puissances s'attirent et se repoussent dynamico-statiquement d'où les différences fondamentales entre les machines. elles seules ne sont rien — elles savent qu'elles doivent se compléter en vue de l'accomplissement et que chaque machine nouvelle donc plus avancée crée un nouveau *groupe* un besoin d'autres associations. et ceci ne s'applique naturellement pas uniquement aux motos. une usine est faite et respire du fait de ses machines qui se complètent.

*

il n'y a que des sociologues bien assis pour faire des traités sociabilisants sur les bandes montant différentes machines-bandes formées de gens incorporés à la machine prenant la vie comme ils la pensent qui s'amusent bien et qui sont au fond bien plus de leur temps que les cinéastes et nouvellistes d'avant-garde qui les exploitent dans des exposés qui vont à deux milles à l'heure et les machines qui s'attirent et se repoussent par des développements et des vitesses toujours plus grandes parachèvent petit à grand la VITESSE en lui donnant plusieurs éléments à la fois en action éléments qui savent au départ qu'avec le temps cette VITESSE exigera toujours un dépassement de l'HOMME par l'HOMME... quant aux motards ils se sont trouvé une liberté : ils expérimentent.

*

pour une exposition visuelle-verbale

Plascris
Affiflash
Afficris
Affivoirs
Scriformes
Krivoirs
Kramirs
Skrivumes
Skrizoptis
Scrilignes

*

le son froid l'onde-bruit ne s'éloignent pas ils entrent plutôt progressivement dans d'autres pouvoirs d'entendement en avançant plus avant dans leur destination — à des moments on s'imagine qu'ils s'éloignent alors que nous commençons plutôt à les entendre ailleurs que par l'ouïe — au niveau du cerveau — l'oreille physique est une prothèse temporaire et l'esprit d'entendement est un monde de mondes auditifs donc récepteurs. c'est avec l'esprit que nous pouvons aller jusqu'aux univers où le son se meurt et flotte... l'infini à finir est là à notre portée... être c'est recevoir et émettre...

je sais que les sons ne s'éloignent plus qu'ils ne me délaissent pas comme ils en ont toujours donné l'impression car je pars sur eux et ainsi je meurs de moins en moins je vais de plus en plus vite comme le son qui tend aussi à une éternité (comme l'onde-étanche pour ceux qui se sont arrêtés à l'oreille).

Biopotenialité

possibilité d'un esprit poussé à la limite de la concentration (pouvoir d'isolement), soit sur un objet ou une idée... possibilité d'émettre des oscillations qui perturberaient le système-composant de l'objet sur lequel on veut agir et mieux encore, qui changeraient la condition même de cet objet supposé immuable, statique et amorphe. il serait donc possible d'intervenir par la pensée dans l'autopotence de l'objet. on imaginera facilement les pouvoirs quasi illimités qu'un tel esprit agissant sur la matière pourrait avoir.

de plus, je crois que cette volonté de densité poussée à ces extrêmes émet des sons ou cycles, captables seulement par l'émetteur ou par celui qui survolte les gènes de son cerveau. (je dis *gènes* parce que, à ce moment-là, dans ce processus, l'esprit engendrerait une condition nouvelle de l'objet.) c'est dire qu'au-delà de la télékinésie, c'est-à-dire après l'intervention directe de l'esprit mettant l'objet en mouvement, l'esprit survolté peut changer les composantes de l'objet et ainsi donner une condition nouvelle à l'objet.

quant aux cycles, plus ils sont bas moins l'émetteur court le danger de provoquer des brisures fatales ou lésions.

l'œil se dilatera à mesure que l'expérience (je dis expérience mais dans les bientôts ce sera une faculté pure et simple) s'approchera de sa réalisation totale ou partielle. il y a l'expression anglaise *to boost* qui décrit très justement l'opération de cet esprit en travail sur lui-même (voire en rut) et sur ses autours cosmiques.

un jour tous les HOMMES posséderont un pouvoir que j'appellerais *pouvoir de transbordement du réel dans le multidimensionnel*. la télékinésie, par exemple, serait une des facettes de cette faculté décelée, mise en action et en travail. ce pouvoir de trans-bordement exigera de tout l'organisme une dépense d'énergie énorme; mais l'énergie qui en résultera dépassera infiniment en densité celle qui aura été dépensée...

dès lors ils devront trouver les moyens pour ranimer les pionniers de ce fantastique pouvoir d'agir sur le cosmos tout entier et sur tout ce qui l'habite en y vivant, pour le plus grand dégagement et la plus grande mobilité de tout ce qui vit, c'est-à-dire TOUT. on peut se demander ce qui pourrait se produire alors si deux esprits d'égale force interfondaient leurs champs d'opérations... si, par exemple, ces deux esprits en travail se mettaient à déplacer le même téléphone en même temps...

y aurait-il éclatement ? ou bien est-ce que ces deux champs de force vont ainsi multiplier leurs pouvoirs respectifs de concentration ? il est peut-être prématuré de répondre à ça ici...

chose sûre, ce qui constitue l'envergure de tels pouvoirs c'est qu'ils sont autonomes et NATURELS. ils partent (c'est-à-dire sont émis) de l'HOMME à froid et lui reviennent sous formes de résultats qui en font la grandeur et le bonheur...

tout est dans la phénoménologie de charger le cerveau et l'esprit d'ondes toujours existantes mais effroyablement enfouies...

tout est en l'HOMME... à lui d'aller tout chercher. c'est alors seulement qu'il pourra se changer pour pouvoir aller AILLEURS.*

---

*   Cf. textes sur *Humano-matière* «isolement» dans *Émissions parallèles* (1967).

Azile azote

Comment fait-on un pont ?
comment vole-t-on ?
comment l'amour ?
comment vole t on ?
comment... e... e... e... ?
com... ment... fait... pont... amour... ?
co... m... en... ?
co
      co
          c
              c
                  c
                        c
BZZZZZZZZZZZZZZZZ zzzzzzzzzz–

      je suis l'amour fait pont qui vole...

               *

quand passe la fourmi près du hamburger
je dis que ce qu'elle transporte est plus gros que mon
hamburger

et ce n'est pas à cause d'une proportion ou d'une
disproportion entre mon volume et le sien

c'est à cause d'une proportion autre
c'est-à-dire celle qu'il y a entre ce que la fourmi
transporte
et ce que je tiens dans ma main

282

*

ne pas s'illusionner... :
les forces de dehors qui permettent à la marde d'être
tellement répandue sur ce globe-ci ont elles aussi
leur bonne part de désillusions...
regardez-les : elles sont en place

*

ces détonations dans mes têtes, à la suite,
bien oscillées à la
recherche de leurs esprits respectifs ne
proviennent pas de fusils...
elles me viennent d'un RÉEL effrayant de
dimensions,
elles me viennent aussi d'un prodigieux
incalculablement
grossissant et précis

*

les CRÉATURES vont devenir de plus en plus inter
et parmi et hétéro et solo sexuées jusqu'à ce que les
plus libertaires sexuellement s'évaporent d'ébahisse-
ment.

les sexes vont avoir les pouvoirs de s'intercaler...
dans les différentes couches de toutes les réalités et
tous les champs magnétiques possibles juste avant le
cri de la lumière dira : « c'en est assez... » occupez-
vous maintenant d'autre chose que de jouer avec vos
machines et celles des autres... même si c'est bon...

je sais... mais il ne faudrait quand même pas que vous fassiez comme les terriens jadis... vous vous rappelez.. ceux qui ne faisaient que ça... SE COUCHER.

*

le sexe est le frein négatif ou positif de l'esprit car il le fait dévier, cet esprit étant lui-même déjà dévié si on calcule toute la mise en scène qu'il doit créer pour mener le plaisir à bon port et évidemment si on calcule aussi toute l'importance que l'esprit dévié attache à ce sexe...

en fait, le sexe sert au balancement ou au déba-lancement des individus mais, quand le corps va remplir sa fonction d'engrais, celui qui part vraiment et tout seul : c'est l'esprit !

*

la nature se prend souvent à son propre jeu d'éro-tisme. elle engendre des corps de FEMMES tapissant les rétines de ceux qui font les villes; des corps de FEMMES dépassant toutes les possibilités d'un para-chèvement... d'un aller au bout de tant de plis de rires et de sperme... ces corps sont au-dessus de la beauté; ils sont comme fluides il faut passer au-travers sinon on se brise dessus comme on le ferait sur la seule roche qui resterait sur terre. de toutes façons, le sexe demeure un poids de plomb, au bout d'une ligne à pêche insatiable, tenu par un mortel près d'une rivière où les poissons sont éphémères.

*

la PEUR c'est la patience des faibles...

il existe une PEUR au-dessus de toutes

C'est elle qui se charge en respect face aux forces de
l'en-dehors

Les aveugles sont rouges

c'est le reflet de tous ceux qui les regardent et qui rougissent de la honte de voir leurs semblables ainsi handicapés...

mais, à un moment donné, après avoir bien cru que c'étaient eux les voyants, ils réalisent brutalement que ce sont eux les aveugles... et ils rougissent de honte de voir leurs semblables avec ces affreuses prothèses qu'ils appellent : yeux... ! que l'on mette donc un voyant dans une ville habitée par des aveugles.

Écrire

c'est n'avoir plus rien à perdre

dire JE est déjà en soi assez
miraculeusement effrayant
pour ne plus rien dire de plus plus tard

Écrire

avec le train de vie impliqué
et avec la mort au bout
c'est toujours un peu faire son testament
évidemment.

Écrire

pourquoi est-ce que je vis sinon pour vous

Écrire

c'est aussi traverser et voir à quoi tiennent ses
chances de
GUÉRISON TOTALE...

c'est être assez visionnaire pour tenir pendant que les
autres s'évertuent à vivre en griffant la MORT dans
le dos

Le sadique conscient

j'aime ça quand quelqu'un éclate de rire/
est-ce que être non-violent c'est prendre son trou ?

*

auto-promenade à rames
dans l'architecture texturée
d'une empreinte digitale

j'ai chaviré dans le pouce l'air y était trop vaste

*

les plus gros seront les plus beaux
et ils auront tout ce qu'ils n'ont pas eu

tous les jours il est quatre heures
il ne me manque qu'un terrien pour m'expliquer
les saisons
et les vingt-quatre heures

je suis atteint du temps
c'est ce qui fait de moi cet HOMME-MORT-NÉ

*

il n'y a vraiment plus rien à écrire sur cette surface

Vie et Humano-matière

dans encore la majesté d'être
ce qui est se relate ce qui en est...
ce qui est est en constant contact avec tout ce qui est

le cactus dit à la baleine ce qui en est...
à des moments privilégiés de la VIE de l'HOMME
il pourra situer leurs zones de communication...

la VIE est faite d'ondes communicatives donc de
balance
et de champs magnétiques équilibrant tout ce qui est
avec tout ce qui est

*

le métal est une invention pour quitter ou pénétrer
comme ESPACE est partout
le choix n'est pas : on reste et on part
                              on creuse ou on expulse

*

mettre — *faire* — avec *amour* dans la même phrase
c'est compliquer l'existence même de l'amour...

ce qui tue le sexe en amour c'est qu'ils en font un
tout alors que c'est une infime partie des pouvoirs
que les machines inouïes que nous sommes

possèdent, c'est-à-dire des créatures en constantes mutations vers des émanations nouvelles de vie...

tout ce qui vit me renverse au point de perdre la tête. je connais quelqu'un qui a passé près d'en tuer un autre parce qu'il allait tuer une machine fantastique : il allait écraser une couleuvre avec une pelle. je me demande de quel droit un jury peut condamner un être qui en a tué un autre pour en protéger un qui est supposé être de moindre importance dans la loi des HOMMES. ces coquerelles magnifiquement organiques qui se prennent pour les rois de la création.

*

or la MORT...

*

tant qu'il n'y aura pas d'intervention directe de révolution de masses vivantes révolution non pas pour avoir le pouvoir mais pour refuser la MORT et avoir le temps tant qu'il n'y aura pas de solution totale et définitive au problème du supposé si éternel establishment de la MORT le suicide demeure pour la plupart la seule solution viable parce que même en tant que maladie il devient la réalisation autonome et plénière de ce qui arrive irrémédiablement de ce qui a toujours été accepté comme tel

le suicide devient alors acte de liberté et de dénonciation flagrante des confessionalités qui ont fait accepter la MORT à des milliards d'HOMMES en leur promettant une VIE ailleurs mais le non-suicide

c'est ne plus JAMAIS mourir dans son corps et dans son esprit VIVRE
S'AFFOLER À FOND MUTER et s'étendre dans le temps pour se trouver pour trouver l'HOMME pour se voir pour le VOIR et être CALME.

*

quand je pense à l'Indien de quatre-vingt-dix ans qui s'éteint à l'hôpital Saint-Joseph de La Tuque qui ne sait même plus pourquoi il vit sinon pour son paquet de tabac et pour les soins d'une vieille sœur brune embarquée dans le même bateau de patience je vous jure que tout ce qui se fait sur les galaxies que toutes les expériences qui ne se font pas expliquent une difficulté d'écrire sur un cheveu gris sur un cheveu blanc sur ces cheveux d'anges vieux. que l'on aille demander à mon arrière-grand-père Thomas Simard pourquoi il est mort et vous verrez qu'au fond de l'immensité de sa fatigue que derrière cette libération que la MORT lui apportait IL EST PARTI PARCE QU'IL N'AVAIT PAS LE CHOIX... FACE AU RACKET DE LA CALVAIRE DE MORT !

*

quand la MORT va s'éteindre le sexe et surtout la clandestinité qui en augmente l'importance vont perdre beaucoup du temps que l'on leur accorde et l'ESPRIT cette invention merveilleuse qui vient va s'asseoir dans une chaise berçante jusqu'à ce qu'il se passe vraiment quelque chose de fort.

*

291

les terriens mortels soumis me rappellent ces gens près d'une plage aux rebords hideux avec un fond tapissé d'oursins. ces baigneurs se lancent une tête morte et quand ils se font attaquer par des abeilles ils se rentrent la tête dans l'eau en laissant la tête de MORT flotter à la surface parmi les filets du sang des yeux crevés. et leurs entre-fesses ressemblent à des perroquets muets à becs de lièvres qui vont jusqu'à bégayer intérieurement. plus les abeilles les piquent plus ça enfle et plus ça enfle plus le niveau de l'eau augmente...

c'est alors qu'ils se noient pour toujours au lieu d'avoir fait face aux abeilles.

*

l'amour... OUI
qu'il soit pratiqué dans le trust de l'église ou ailleurs mais là où le « chiar » commence
c'est quand les brebis humaines se mettent en ligne de VIE-À-MORT pour calfeutrer la terre de leurs os et s'en faire des castagnettes pour occuper leur ÉTERNITÉ

*

la VIE n'est pas encore commencée

celui qui dit à son enfant : « je t'ai donné la vie » est un menteur la VIE n'est pas encore commencée tant que la maladie de la MORT aura le dernier MORT tant que le pouvoir de RESPIRER à tous les niveaux ne sera pas donné à tous sans exception et pour aussi longtemps qu'ils le voudront bien... pour moi la LIBERTÉ est corollaire de la VIE et DU CHOIX et l'HOMME ne sera pas LIBRE tant que ceux qui détiennent les pouvoirs ne mettront pas tous leurs pouvoirs d'action dans le seul combat qui soit : LA MORT DE LA MORT.

*

pénétrer entre la fibre la plus intime de la communication qui se sait être faite d'émission et de réception

entre une des composantes du sperme aveugle et clairvoyant et une seule onde du désir actionné dans l'acte qui débouche sur un plaisir et des satisfactions plus ou moins grands possède assez de force pour remettre toute la nature humaine en question...

à savoir si nos activités ne sont pas toutes directionnelles sur le sexe ou bien si elles ne doivent pas tendre à nous en éloigner le sexe donnant l'impression qu'on va loin alors qu'il se prépare à nous ramener pour se garder le pouvoir de nous faire repartir encore quand le désir désirera à notre place...

et même en dehors de tout cela je me demande ce qui arrive et surtout pourquoi ça arrive en rapport direct avec et à des machines aussi fantastiques et tout aussi organiques que les FEMMES je me demande pourquoi elles disparaissent après leur ouverture pourquoi il faut y revenir. RE-VENIR pourquoi ces voyages des sexes ne se font pas une fois pour toutes pourquoi c'est si bon si court si accaparant si clandestin et pourquoi on s'accroche tant alors que c'est à la VIE qu'on devrait s'accrocher.

*

la FEMME selon moi est attendue ailleurs avec des fonctions qui vont la grandir au point où son seul regard actionnera des usines génératrices d'autres sortes de fonctions grandioses à des degrés où les forces qui en émanent et créent tant de confusion et de perte de temps serviront à bien autre chose qu'à des plaisirs surfaciques.

l'espace nous CRIANT que nous sommes moins que des microbes ce n'est pas une raison pour ne pas travailler à ne pas ressembler à ceux qui viennent et qui auront quand même des possibilités érotiques plus prolongées que les nôtres en mourant plus tard que nous.

nous vivons en moyenne une soixantaine d'années et nous pensons au sexe les 7/8 de ce temps. si eux vont avoir des moyennes de l'ordre de quatre cents ans* il nous faut déjà intervenir dans cet avenir-là en répartissant mieux nos énergies psychiques et physiques... sinon ils feront comme nous sauf qu'ils pourront jouer aux fesses plus longtemps, qu'ils pourront se battre plus longtemps, et se demander où tout ça s'en va durant plus longtemps ? est-ce dire que vivre plus longtemps c'est souffrir plus longtemps ? à nous de commencer à construire le ciel dès maintenant en

---

* Voir le magazine *Life*, automne 1992.

balançant nos énergies. l'autre ciel ne m'intéresse pas parce que tout ce qu'ils ont trouvé comme explications c'est la foi et la résurrection des corps. c'est exactement le curé qui monte en tribunal pour dire : « Crevez en paix croyez Dieu vous ressuscitera et ne mettez pas votre confiance dans ces imbéciles de chercheurs qui se cassent la tête pour prolonger la VIE. »

qu'on ne vienne pas me dire que c'est en faisant des petits qu'on prolonge la VIE. on la complique c'est tout. on fait l'amour et des petits par surcroît parce que supposément on s'aime alors que l'on veut tout simplement avoir sa petite part du cul inconnu avant de crever. on se dit le pourquoi-pas-puisque alors que c'est le pourquoi qui devrait surgir le premier et ensuite un infini pourquoi pas sans puisque. ce pourquoi pas sans puisque ouvrant à l'HOMME des optiques qui n'ont plus rien à voir avec les draps. il est vital de se souvenir au moins de ce temps de la seconde où on voulait être grand et appartenir aux mondes qui viennent avant que l'on devienne comme les autres : des abdications ! je pense que la FEMME telle que nous ne la connaissons pas et depuis que nous nous en servons comme les barbares que nous sommes parce que nous devons la conquérir est quand même l'historique et pour pas mal de temps immémoriaux encore celle qui alimente le phénomène de conquête généralisé qui sévit sur la planète...

conquête qui aurait dû et aurait pu se traduire en approche positive que ce soit entre les individus ou les peuples (je crois qu'aussitôt qu'un être s'arme que ce soit avec un fusil ou son sexe il se déracine devient sourd et doit éventuellement frapper) CONQUÊTE, SEXE, et VIOLENCE sont trois épiceries d'une même chaîne.

Paroles d'une grand-mère
sénile et fatiguée

— J'ai des gouvernements dans la gorge.

— Mon vieux est sorti nu-pieds ses deux chapeaux sont sa chambre.

— Il faut mettre un kodak dans ma bague pour l'empêcher de se perdre.

— Donne-moi de la roche je veux faire un gâteau non des fleurs... je trouve pas le mot.

— Tu peux pas avoir deux FEMMES, le PAPE veut pas.

*

les terriens seront considérés comme ayant été les rois du cul

et on décrétera qu'ils seront morts parce qu'ils ne s'étaient qu'occupés à vivre...

qu'ils n'avaient pas eu la grandeur de voir tous ensemble que les problèmes sont des rats qui ont déjà le ventre ouvert

ils n'auront pas vu qu'il n'y a pas de problèmes il n'y a que des solutions.

La sifflance

indéniablement aller dans les sons-silences

c'est là la musique captée par la peau par l'esprit ondulant ce que l'oreille capte est tout de suite folklorique

il est des capacités de solitude en l'HOMME NOU-VEAU il peut épeler le mot *méditer* en plein centre de la TRÉPIDENCE qui fait si peur aux romantiques ceux-là mêmes qui ne savent pas que tout ce qui est neuf et nouveau est déjà MORT.

The Barbarians Did Not Disappear

ceux qui ont amené l'HOMME au cours du temps
seulement là où il est rendu, c'est-à-dire jusqu'ici et
non pas AILLEURS — Ailleurs : là où le vide com-
mence à être plein, là où ça commence à devenir
intéressant — lui ont tout simplement donné l'illu-
sion d'une technologie en marche et la fausse évi-
dence de grandes découvertes en lui disant d'être
patient que ça prend du temps de l'argent etc.

IL N'Y A RIEN DE FAIT
nous ne sommes pas encore sortis de la barbarie nous
sommes des cartoons pas comiques se déroulant
devant d'autres échelles de force.

elles nous regardent s'entre-déchirer et dépenser
beaucoup de sous pour le faire.

si au moins les guerres ne coûtaient rien on pourrait
disposer de plus d'$ pour aller voir ce qui se passe en
l'HOMME et dans les autres univers qui l'englobent.

et en plus on passe encore des heures dans des
carlingues insécures avec les oreilles au beurre noir
pour traverser des trous d'eau comme les océans...
pour aller dans un « musée » comme l'EUROPE
barbares que nous sommes comme les LINDBERGH
les VIKINGS les MARCONI et les GLENN.

barbares que nous sommes parce que l'on prend
encore le temps pour rire de quelqu'un qui s'enfarge
sur le bord de la chaîne du trottoir. barbares parce
que ça ne nous prend que quelques minutes pour
devenir claustrophobes. barbares parce que nous
vivons dans des ruines durables édifiées par les archi-
tecturants terriens. barbares parce que nous crevons
encore comme la première et la dernière des bibittes.

*

je suis dans le 3
quand je suis allé dans le 9
mon esprit s'est ouvert un restaurant ailleurs
tête perdue pour avoir vu un fémur
et avoir vu aussi qu'un fémur ne devrait plus jamais
perdre la tête comme le 9 a été capable de la perdre
quand l'imbécile qui a inventé les chiffres c'est-à-dire
quand il a tout limité quand il a donné des propor-
tions calculables à l'Espace trop incalculable pour
qu'on y accole des systèmes de nombres désuets à son
approche. quand cet imbécile proportionnalisant est
devenu Égoïsme.

*

il m'est déjà apparu dans la cuisse de la vache
blanche

LE DIEU hindou

puis j'ai vu qu'excrémenter pour elle comme pour
moi c'est VOIR c'est SE VOIR passer en en laissant

toujours un peu sur les parois du renvoi avant de sembler disparaître dans l'égout

il y a peut-être là une extraordinaire motivation naturelle d'adorer les vaches... (mais bien dans le subconscient de ces croyants et non pas dans les paroles naïves de leurs prêcheurs) peut-être aussi que la raison de cette adoration vient du fait que c'est de leur condition qu'ils ont pris conscience au-travers de la vache (ou pour d'autres le singe) la déification de l'homme c'est aussi une déification de l'animal et de la matière.

je crois même que les a-venirs ne permettront plus les pertes de nous-mêmes que ce soit physique ou autrement... car l'excrément qui nous quitte c'est nous qui le forçons à partir il est toujours une partie de nous-mêmes que nous expulsons parce que nous n'avons jamais été capables d'en supporter la présence l'apparentant à la saleté au lieu d'en réaliser la propreté vitale. pourquoi ne pas s'occuper sérieusement des excréments des hommes les accumuler les faire fructifier les engraisser au besoin puis s'en servir comme engrais... même les rendre comestibles encore tout ce que nous mangeons de bon pouvant être conservé pour le repas d'un autre.

ceci étant dit pour ne parler que du côté matériel du problème des pertes. maintenant si nous allions en esprit dans l'esprit du microbe habitant l'extrême gauche d'une crotte assez âgée et qui n'attend que l'égout lui amène une nouvelle résidence... nous verrions bien que la vie est faite de ce que rien ne doit se perdre... que la vie n'a pas besoin des microbes...

301

que la vie permet et que le seul combat véritable où l'homme doit s'engager est celui contre la maladie de la mort... la seule maladie qui empêche la vie de vivre... maladie qui depuis que l'homme a commencé à baver a toujours été présente pour empêcher la vie de commencer sa Vie.

*

l'orgasme est plein vrai grandiose par le fait qu'il vous rapetisse qu'il vous miniminise tellement que vous ne vous trouvez plus au point de vous sentir bien c'est vraiment en tant que microbien que l'homme retrouve sa vraie dimension.

*

un pays en Nord Amérique si vaste dans le Possible que nous n'en connaîtrons jamais les possibilités finales comme lorsque des races d'oiseaux disparaissent... avant qu'on ait su combien haut elles pouvaient voler.

*

le paranoïaque pense que la tortue au fond d'elle-même est une vendue et lui crie avec l'écho approprié à l'espace interne de son habitat : « Silence dans la salle. »

et une fois passé le seuil du cou il découvre que cette tortue habitait là avec une tortue et que le petit bout au bout était le clitoris de sa femelle offert à tous les visiteurs par cette tortue androgyne débonnaire et très libertaire à la fois.

*

ça vaut le coup de vivre quand même ne serait-ce que pour connaître l'énergie merveilleuse qu'une seule olive doit dégager pour garder une distance consciente entre sa peau et son noyau jusqu'à ce qu'elle se réalise totalement en étant comestible dans ce qu'elle a de meilleur en elle.

Écrire

c'est reconnaître c'est com-prendre ce qui se perd
c'est voir passer et retenir un peu
Écrire c'est pelleter de l'engrais
Écrire c'est être démentiel au point de mettre une surface de différente couleur sur une autre surface pour rendre la première intellisible

Et enfin écrire

Écrire pour fendre et voir des Autres Côtés des côtés visibilisés par l'opération de l'ÉCRITURE le langage est ouvert à tout et à tous
Écrire c'est créer le flot c'est prendre les distances de vu

Réêtrécrrrrire

Écrire c'est du respir en sections dans l'espace
pénétré
c'est ne plus mourir
c'est sortir le mot de la ganguemot
Écrire c'est qu'à chaque étape de sa vie on n'en
revient pas

Et écrrrrire

c'est un travail de tous
où tous formuleraient
Écriture n'est pas vraie tant que tous ne se la sont pas
appropriée pour sortir le mot *auteur* du dictionnaire
et du même coup l'auteur de son isolement pour qu'il
retrouve sa fonction de moule.

ce sont ceux qui n'ont jamais vraiment écrit qui ont
inventé les auteurs et les poètes.

il est vertigineux de penser et de calculer combien il
va falloir de publications et de poètes pour faire
disparaître les deux.

viendront des temps où tous formuleront ÉMET-
TRONT.

Le fouuuuuuuu

FOU RAIDE donc irremplaçable
un FOU : une machine de Pouvoir Voir
un rayon incassable un beam d'ondes captables par la
Folie seule bien loin d'être malade le FOU porte une
disponibilité qui n'a pas encore d'échelle ses ondes
sont émises sur des fréquences incalculables
JE SOUHAITE À L'HOMME DE TOUTE LA
FOLIE QUE JE PEUX SUPPORTER DE VENDRE
DE LA FOLIE A FROID UN JOUR
ce sont les intérieurs de l'Esprit qui auront les
derniers mots et les voyages les plus authentiques
FOUS c'est-à-dire beaux jusqu'à avoir éclaté de leur
Brillance FOUS c'est-à-dire DÉTENDUS ET
TRANQUILLEMENT TRANQUILLES AILLEURS
le FOU met toute son énergie à être
A NE PLUS SAVOIR MOURIR
A NE JAMAIS DISPARAITRE DU CHAMP
MAGNÉTIQUE DU BONHEUR
FOU c'est-à-dire entré enfin dans la globalité des
totalités en des espaces psalmodiques où tout est à sa
place et dans... en tant qu'unité
dans le Fou tout est organisé mais ailleurs
Fou de joie face et dans l'Immense
Fou tout court NORMALEMENT
FOU de toute la tranquillité fulgurante atteinte
FOU de ne plus rien devoir retenir
FOU pour avoir refusé les fausses guérisons des
humains
FOU aussi jusqu'à VOULOIR encore en se disant
que c'est peine perdue

la FOLIE ou là où il arrive continuellement quelque.*

*

l'esprit commence là où finit le sexe
c'est là que l'esprit se détend s'équilibre
et arrête les « faux pas » qui calent et alourdissent
les magnificences du sexe

*

le myope voit au travers de son œil l'œil concen-
trique
en cercles de plus en plus grands
et plus le cercle ultime est éloigné
plus la brumité de son regard à mirages placés est
dense
la myopie entre autres n'est pas une malformation
c'est plutôt une tangente à développer et à explorer

*

Sommeil est un moyen de transport
quand je me dors je repose celui des mois que je veux
et les autres travaillent
plus je vieillis en dormant plus je retourne et plus
mes imaginis vont où je veux
dormir c'est retourner dans cet avenir de l'autre côté
du passé
c'est le jour debout ouvert que j'ai le plus peur

*

---

* Texte publié en Californie en français chez Unicorn
Press.

somptueuse accalmie du fou assis face à la table qu'il
a construite et qui ne peut servir à personne d'autre
typhon de crochets
à l'intérieur
ils s'accrochent en fracas inhumains out of mind
itself ils pètent se tordent s'imbriquent les uns dans
les autres en sifflant pour diminuer leur nombre et
quand ils se sont tous assujettis qu'il n'en reste plus
qu'un au bout de Précision
plein de tous les autres
je me prends et me demande
si je devrais m'y accrocher pour arrêter : Tourmente
et faire mal à la folie dans son nerf même
mais ces lapses de ré-flexion ne durent jamais malgré
leur gravité
je refuse le crochet la poignée vie
et je permets aux tempêtes de respirer en moi
ouvrant mes fonds à leur bouleversement
JE DÉCROCHE
et c'est là seulement que je respire
décidément il ne faut pas se retenir si on a la joie
acier de traverser

*

être terrien c'est déjà tellement d'aucune importance
qu'être politique national etc.
c'est vraiment perdre la tête et surtout le temps

être c'est ne pas appartenir
et ne pas appartenir est bien au-delà de la liberté
dont s'affublent les envoyés du grand carcan
ou encore les occupés les évertuants
qui auscultent hardiment des réalités primaires

comme des boy scouts qui apprennent à nager jusqu'à l'armée
sous l'œil d'une bonne autorité qui calme les inquiétudes des mamans

*

c'est à force de rapetisser que je me programme dans le fait incertain d'être quelque chose de détectable. c'est ce que je ne pourrai jamais sûrement dire qui me fascine me fige et m'éclate. avancer est encore plus monumentalement fumigène qu'évoluer.
L'ILLIMITE c'est aussi ne plus vouloir trouver les pouvoirs du revenir. c'est la comparaison confrontée de la faiblesse avec elle-même : cette même faiblesse qui ferait dire à la grenouille qu'elle n'est pas une grenouille parce qu'elle pense qu'elle n'est pas unique.

FAIBLESSE : là où il y a limite il n'y a rien de fait nous vivons dans un monde de limites. là où il n'y a rien de fait le klaxon sourd du désemparement creux jusqu'à sa propre élimination joue à être une infime faille dans un Réel quand même beau à se taper sur le crâne de joie jusqu'à ce qu'on enfonce assez pour prendre racine en remerciement d'avoir été d'avoir été une machine autonome d'avoir eu tous les choix QUAND MÊME et d'avoir aussi été tellement en christ de prendre racine parce qu'on voulait continuer à regarder le miracle de près. et parce qu'aussi la vie n'est tellement pas commencée qu'on crève au bout de soixante secondes ou de soixante ans.

*

plus nous avançons plus nous ouvrons des mondes où nous sommes toujours de plus en plus petits et ainsi plus les forces qui les habitent doivent se perfectionner pour nous observer.

donc plus nous levons le voile moins nous leur permettons de s'occuper à autre chose qu'à nous grossir pour être dans la certitude parfaite de ne pas nous perdre de vue. c'est donc dire que nos progrès ralentissent en quelque sorte ceux des autres univers qui ont un intérêt quelconque à ne pas nous laisser seuls. mais ce ralentissement que nous semblons leur infliger a bel et bien été forgé par leur volonté de ne pas permettre de contacts clairs et permanents.

Suite infernale

les cochons pensent que les alligators
sont laids préhistoriques et sales
et les hommes qui commencent à se tenir debout
regardent les deux de haut tout en se nourrissant des premiers
et en faisant des sacoches avec les deux.
peut-être que dans les civilisations maritimes on montrera
aux cochons à nager pour pouvoir gager bien à l'abri
sur des combats entre les requins à deux pattes et les cochons
qui encore une fois n'auront pas le choix.

JE N'AI AUCUNE RAISON DE MOURIR
PARCE QUE JE N'AI PAS
LE TEMPS
JE NE VEUX PLUS JAMAIS VOIR UNE
MACHINE DE VIE
COMME NOUS VOIR SES YEUX CAILLER
PARCE QUE MOURIR C'EST AUSSI FAIBLIR
parce que ce n'est pas une délivrance comme les
hypocrites
de la soutane biblique le font croire depuis des
siècles.
la mort sous toutes ses formes est une maladie du
masochisme
que la calvaire de nature humaine entretient comme
une belle putain qui nous fait v'nir... mais au ciel
seulement.

Le porc... qui est-il ?
ou la non violence

porcs d'étrangeté avec des groins des sexes bien à
eux et des saletés qui leur sont propres porc va
jusqu'au bout de porc tous les cochons vont jusqu'au
bout de cochon ils épurent la fonction : cochon
jusqu'à s'entrelarder et se passer à d'autres qui ont
aussi quatre pattes mais qui ne marchent que sur
deux. ces autres animaux se chargent à leur tour de
meubler de fumier le quotidien des groins toujours

inquisiteurs. c'est individuellement qu'ils sont souvent violents tellement qu'il faut se demander par quel cochon il faut commencer. et où commence et finit le cochon violent. le porc est plus actif que la vache par contre il semble plus prudent il est patient c'est signe qu'il est peut-être décidé à rester plus longtemps au même point en tant que qualificatif sale employé par les autres quand ils veulent se faire de la peine en criant son nom de fait et de création le cochon est un anarchiste jusque dans son lit il crache à la face de ceux qu'il engraisse et qu'il rend malades à force d'être leur vivant portrait. il vocifère simplement en étant il est beau comme un homme il brille par en dedans c'est aussi une machine organisée qui vit dans la même boue au néon que l'homme.

*

c'est le soldat inconnu il est toujours prêt à tout pourvu qu'on lui montre le beau chemin de l'idéal du sang... regardez-le il examine lui aussi la situation il n'est jamais pris à l'improviste semble-t-il il vous dira qu'il ne se fait jamais faire de coup de cochon tout en bavant dans son sang c'est un héros lui aussi : il fonctionne... je veux être réincarné en cochon je veux un cochon sur mes armoiries sans devoir passer par le bacon je ne veux plus que les hommes se traitent de cochon je veux avoir la PAIX je suis fier d'être de la belle lignée des animaux de la lignée des Phéniciens des Incas des Cochons et des Mutés.

*

autant c'est l'effort de guerre
qui porte toute la gangrène
et non pas la guerre
c'est sur l'effort de guerre que doit s'exercer la non-
violence quand la guerre est... il est toujours trop
tard
autant c'est à l'Agonie généralisée
qu'est la Vie vouée à la mort qu'il faut s'attaquer...
il faut changer la Vie elle-même car c'est elle
l'agonie
quand la mort est là c'est là qu'il est trop tard
et changer la Vie c'est changer tout l'homme
et changer tout l'homme ça ne se fait pas à grands
coups de prothèses / morceau par morceau qui
consolent tout le monde
au lieu de les arrêter carrément de mourir partout...
et c'est d'abord dans l'esprit de tout ce qui vit qu'il
faut détruire cette abominable acceptation de la
mort...
de toutes les sortes de morts... quand le caribou
ou le ver de terre diront : « On ne marche plus on
veut vivre ! » quand des millions d'hommes diront
non à la mort alors seulement
il y aura un pas de fait dans la construction d'une
Éternité !

*

l'Homme créera un magnifique encore plus grandiose
que ce qui est au ciel a fait... Dieu est fatigué...
l'Homme s'en vient... car il va avoir le temps un
temps qui sera en quelque sorte devenu impuissant à
faire mourir quoi que ce soit qui vit...

si on remplace mon cerveau par une pile je ne me trouverai absolument pas désincarné... je ne m'en trouverai que mieux contrairement à ce que pensent les moralistes qui voient dans la machine une ennemie de l'homme sans réaliser que la vie véritable de l'homme va commencer quand il sera lui-même une fantastique organisation technologique.*

Rien de moins que d'un coup

Trapèze pour nouveau coléoptère protonique criblé de néons conscients — mutant pour avoir pénétré l'épiderme des ondes avec placenta en fibre de verre congelé hier — si l'aspirateur de 3 h 20 s'affolait — un bal astral microscracriquement putride plus satranige et bullicromacléaire BRAK dans quelque mille ovaires sculptés case postale 22... de derrière le parapluie ahurissant deux rois albinos gageaient sur des planètes giglant la Chlorophylle — Ba be Bi Crachtame que la lelitre space par la symphonie criarde dans les tréfonds de Mars désoufflée par erreur Drip CR Drip Cr 3/4 cierge décédé d'un Autre-Cire d'oreille en corne d'abondance de sons et la cacahuète bâtarde forficule sur la Vierge qui masturbait la nouvelle constellation du Cormoran par en dedans entends-tu le cri du yogi qui court après son souffle

---

* J'aurais pu au moins dire : Dieu est fatigué de nos conneries. Ma révolte m'a alors fait dire une phrase trop courte, étroite et ignorante (1976).

dans le champ de rouleaux de papier sablé montés
sur des bâtons pour vaches homogénéisées... ?*

butinant à des vitesses statiques un quotidien fluide
et sans fin Chleir collectionnait des fusées de cuir

durant sa convalescence il lui restait un peu de sang
lacté dans les pupilles... ce qui... malgré la maladie
allaitait une beauté aux choses qu'il voyait unique-
ment en transmetteur... parfois il s'échappait et dans
sa chute en haut il émettait : « Maman... Vercin-
gétorix est malade ! » mais sa machine qui l'aimait
bien venait tranquillement sachant très bien qu'il
rêvait et que Vercingétorix n'était pas encore venu
au monde... alors elle le catapultait ailleurs pour lui
changer l'esprit dans les présences spatiales d'huîtres
navalisées qui faisait péter leur langue comme des
femmes de peine dans leur palais nacré.

Des immenses sympathiques

habitant pulsant dans des pâtés cathédrales à l'inté-
rieur d'une seule goutte de peinture microscopique-
ment blanche cette goutte côtoyant toutes les autres
gouttes de différentes grosseurs de différente défini-
tion des autres gouttes simplement complexes à
l'intérieur... toutes ces gouttes formant la façade

---

*   À chaque fois que je rouvre le dictionnaire je me sens
    ridicule. C'est la dernière fois. Je vais désormais écrire et
    publier le français le plus compréhensible possible.
    Madame la langue française, je vous ai dans le cul.

blanche d'une maison... d'une seule maison parmi toutes les autres... une maison trop grande pour être vraie et qu'on ne peut soutenir du regard.

c'est là que pulsent les IMMENSES SYMPA-THIQUES si tu réussis à passer la porte la Présence Entière est là et ce n'est qu'en étant absolument équilibré que peut-être tu peux réussir à refermer la porte derrière toi et te retrouver ainsi avec la Présence Entière.
si tu ne peux rester avec elle c'est-à-dire en supporter la présence enveloppante tu ne peux plus sortir.

(j'ai déjà expliqué que ces forces permettent que l'on reste avec elles et aussi qu'on en jouisse mais elles ne permettent pas qu'on en revienne ou qu'on en ramène quoi que ce soit.)

et comme tu ne peux plus sortir qu'Elle ne peut supporter ta présence tu commences à disparaître pour devenir autre... tandis qu'elle te regarde partir impuissant avec aucun signe qui te fasse déceler un regret.

*

retourner en arrière à des points tels
pour ne plus jamais que ça se reproduise
JAMAIS
et par aucune parcelle d'aucun esprit si petit soit-il...
ça prendrait tellement d'amour que l'Amour lui-même
perdrait la face devant d'autres vastitudes spirituelles

ils pouvaient aller Partout

impénétrer Tout à des points où leur Puissance avait
développé un seul lieu où ils ne pouvaient aller

cette Puissance Consciente leur avait ainsi permis de
continuer à être...

le silence de ces espaces m'effraie aussi mais la seule
chose de laquelle je n'ai plus peur

(j'en ai donc la certitude)

c'est la dénudation le déshabillage d'Espace par le
muté qui ne mourra plus de sa maudite condition
microbienne devant ces espaces erronément
supposés comme étant infinis et éternellement
silencieux

ESPACE c'est partout et PARTOUT sera pénétré !

*

et c'est le fait de sentir que tu ne seras pas regretté
qui te fait haïr les forces qui t'ont engendré

c'est au moment de tels départs que tu veux rester
parce que tu vois que ça ne change rien que tu partes

ces mondes authentiques sont ceux qui pulvérisent
radicalement tout système de référence de qui que ce
soit qui s'y trouve... c'est ainsi que celui-là traverse
et pénètre les zones de sa surconscience

rien de ce qui est rattaché au passé ne met l'individu
dans ces dispositions idéales de vulnérabilité face aux
forces de l'inconnu
quelles que soient les pertes il faut jeter à bas du
cheval-de-la-réalité-acquise tous les individus

une éternité à l'homme même partielle permet juste-
ment le temps de la permission d'un dépaysement
continu et de plus en plus fort... à mesure qu'avan-
ceront ces masses éternelles à l'intérieur d'elles-
mêmes et des espaces d'Espace.

II

Regard des mages

des sons qui s'agrandissent
à perte de silence
qui vont de l'autre-côté du Silence
des sons autonomes
vivant par eux-mêmes dans des mondes meilleurs

*

les forces et les champs de forces que l'homme
rencontrera
lui reprocheront en riant un fait terrible et
irréversible : c'est à cause de sa morale
si ces rencontres ne se sont pas produites avant

*

véhicules rattachés et flexibles de l'un à l'autre
sifflant de vitesse statique à l'intérieur de la dimen-
sion silence dans des ravins parfaits et métalliques
qui ne basculent pas dans le plein parce que retenus
par l'engin de tête tandis que tout le reste vole de
chaque côté du coussin d'air comme un serpent
transparent et simplifié

Et Humano-matière

arbre comme toute chose en soi
n'est à personne
possession est un complexe de façade

c'est la chose qui permet que nous en parlions
comme d'une chose possédée

*

chien métallique klaxonne dans une rue adjacente
désertée la ville au complet vidée
parce qu'on y a eu trop de plaisir
les endroits vidés où ça a trop swingé me font pitié
et l'homme seul passe à la limite permise de 30 mph.
en jappant

Il y a-t-il moyen de l'avoir la paix ?

Touareg avec une maladie de la peau
avec une allergie à la laine
et qui s'habille en laine
pour mieux se battre
pour mieux haïr*

---

* J'ai appris il y a quelques années après la parution de la
première édition du présent ouvrage que *Touareg* était le
pluriel de *Targi*. Fuck, ça va rester de même !

Que nous ne mourrions donc plus pour avoir le temps

c'est sa MOBILITÉ dans ses espaces et dans l'Espace qui immortalisera la forme de vie dans la lignée de laquelle se trouve l'homme en course sur lui-même et qui lui permettra une plus constante expansion vers des formes de vie encore plus développées que lui mais issues de lui

en pleine connaissance de lui-même
parce qu'il en aura eu le temps
et que ce Temps lui aura été donné
car il est un joint vital à la vie elle-même
dans l'accomplissement parfait de toutes ses formes...
ce à quoi cette MOBILITÉ travaille en passant par l'homme...

et le mouvement c'est la disparité entre les états d'être et surtout c'est aussi l'élimination progressive du passé le plus proche. le mouvement est donc vital pour l'accélération des pouvoirs internes et externes de la machine humaine parce qu'il axe des êtres organisés et prêts directionnellement sur l'instant après sur la recherche et des Futurs sans passés des Futurs parfaits !

*

se battre contre l'establishment de la mort c'est disposer son équilibre et émettre à des fréquences où l'esprit se dresse contre le fait de mourir se battre en faveur de l'élimination de la mort c'est-à-dire pour une totale mutation de l'homme ainsi transfiguré, c'est aussi pulvériser toutes les sortes de morts ainsi c'est permettre à la recherche un respir, une détente infinis et tranquillement opérationnels.

Humano-matière

la matière aussi a un esprit propre
c'est parce que nous ne communiquons pas encore
qu'elle semble inerte
les forces composantes d'un objet vivent dans cet
objet
et on ne les entend pas...
nous-mêmes qui faisons beaucoup de bruit vivons
dans un autre objet et ainsi de suite le merveilleux...
dans les contacts avec les Matières
là où la Vie commencera sa première vie.

*

les choses sont reliées continuellement
la matière se sait matière : ce sont des relations...
et ces relations se font parce que les objets commu-
niquent de par leurs ondes d'être eux-mêmes
compactement simplement avec tout ce qui est
impliqué pour qu'un objet intelligent tienne en tant
que lui-même autodynamiquement le bol de toilettes
est fait de ce qu'il sait sa fonction en même temps
que sa limite c'est ce que j'appelle la majesté d'être
et c'est ainsi dans le Tout et surtout dans le Tout à

venir avec son magnifique et irrésistible bagage de
passé expérimental...

les objets dans cette sorte de majesté éternifiante
défient leur mort et la mort de tout le durable est un
des dieux de bientôt parce que son essence même
sera temporaire vu la toujours plus grande simplicité
des vitesses et des déplacements...
on a qu'à regarder l'ampleur que prend le compact
comme la simplicité que prend le démontable pour
comprendre encore une fois que nous serons toujours
disposés au déplacement au départ avec les
matériaux et moyens les plus simplement complexes
durables et éphémères.

*

quelqu'un est couché un autre arrive et lui tranche
la tête d'un coup il part avec la tête presque en
même temps sur-vient un appareil pas rond... uni
d'environ un pouce et demi d'épaisseur avec un
diamètre d'un pied de couleur beige avec des
articulations cramponnées à ses rebords tout le tour

ces articulations comme des bras se terminant par
des sortes de ventouses mais non caoutchoutées...
l'engin se fixa sur le cou qui restait

les ventouses... elles... sur tout le tour du tronc... les
premiers sur les lieux virent que le cœur battait... le
bois du couteau semblait venir du Nord Amérique et
le métal était naturellement complètement inconnu
de nous quand ils ont réussi à enlever cet appareil le
cœur a arrêté de battre... ceux qui ont fait ça... ces

imbéciles... comprirent qu'ils ne pourraient jamais ouvrir cet engin pour voir ce qu'il contenait ils comprirent aussi qu'ils y auraient probablement découvert des mondes morts qu'il valait mieux les laisser en paix qu'il valait mieux considérer cette ténébreuse affaire de coupage de tête comme close.

*

quand l'homme pénétrera à fond les modus vivendi des matières il pourra partir ou disparaître très vite tout en demeurant lui-même (c'est-à-dire) en mutant. on peut apprendre à de moins en moins en moins mourir comme des mouches aveugles en étudiant la simple condition d'un vingt-cinq sous.

Le funambule silencieux
et lent sans fil

un directeur d'un cirque émit une onde vers le haut
sur une fréquence de cinq cents mégacycles dans les parages
de la furie positive
pour faire com-prendre au funambule sans fil
qu'il était renvoyé
pour aller parfaire
sa vitesse ailleurs

Québec-Terre

chez nous les murs sont faits pour être d'abord
et ensuite pour être traversés

vider : est un mot de mon pays
vider un club vider un verre vider ses poches
se vider aussi vider un lac vider une bouteille
geler aussi... mettre sa main au-dessus de ses yeux
pour voir loin huit saisons par année
quatre dehors
quatre en dedans
et parfois si on est un vrai
on peut en passer une couple à l'intérieur de soi
ici on n'a pas d'âge
les meubles non plus
si on décape trop y valent moins cher
non mon peuple n'a pas d'âge/ il n'est pas né et il ne
meurt pas

*

être à plus d'un endroit à la fois
c'est avoir vraiment affaire à l'autre ou aux autres
places À UN POINT
OÙ ON EST CAPABLE DE RESTER LÀ OÙ ON
EST
EN ALLANT FAIRE CE QUI EST LÀ FAIRE À
L'AUTRE
OU AUX AUTRES PLACES

*

il y a RÉFLÉCHIR
il y a ensuite SOURIRE
ensuite il y a réfléchir humoristiquement
ensuite le sourire se calme
puis il y a méditer
puis il y a VOIR
puis il y a Y ALLER
puis la LUMIÈRE
puis il y a réfléchir...

*

tout ce qui est et tout ce qui se fait
travaille à mettre l'esprit en marche
il ne l'est pas encore
il est en branle mais pas en marche il se branle
celui qui se masturbe n'apprend pas à faire l'amour
ce qui était était au futur
donc ceux qui amènent les individus
et le plus d'individus possible
avec le moins de pertes possible
et des individus les plus forts possibles
vont devoir cultiver dans d'autres embranchements
des espaces
des hommes et des espaces où s'en vont ces hommes
il n'y a rien de fait
il n'y a rien à dire sur ces heures que nous vivons
et qui ne devraient pas exister
en tant qu'homme je ne veux plus rien à voir avec
le passé
je crois que le mot *cultiver* est un des mots clés pour
les temps incalculables à venir de la Vie
parce que c'est un mot sain et plein : il ne peut se
tromper.

*

l'esprit est tellement puissant et beau
qu'il peut aller assez loin
pour salir
sans le savoir

*

Apprendre : c'est imiter
seule l'expérience intérieure et personnelle
meuble

*

l'âme... ? serait-ce ça la bielle incessante la pile
inépuisable incluse dans une machine incessante
dans la parcimonie de la vie pour la vie ? dans la
chance que la Vie prend avec le jalon : *Homme*...
dans le Beau gageant sur une beauté...

alors je marche
mais pas autrement et dans aucune nuance trans-
cendance ?... d'accord mais inconnaissance de la
transcendante... là je ne marche plus... l'esprit que
nous forgeons est plus simple que les mécanismes qui
font respirer le mystère dans les esprits de ceux qui
se disent simples ou dans la foi éprouvée de ceux qui
prêchent la simplicité labyrinthique leur permettant
de manœuvrer ceux qui préfèrent s'en remettre à
leur foi au lieu de comprendre et de croire à autre
chose de plus supramental.

On va tu l'avoir la paix ?

le camion de pierre a écrasé l'ange
je suis fatigué comme un truck de les voir
s'entre-déchirer

Écrrrrire

ce sont les pensées et les associations de mots les plus
simples celles qui semblent ne vouloir rien signifier à
cause de leur très basse fréquence d'émission qui sont
les plus insupportables et les plus exigeantes à écrire
à recevoir à émettre

il se trouve une épouvante et une nouvelle horreur
dans les fibres du mot

le grand contrôle est celui des interceptions qui
attaquent de toutes parts qui font se couper les liens
du processus de pensée mise en marche dans la
fonction d'écrire... sensation atroce de voir s'arrêter
un flux de pensées densifiantes dont on ne connaît
que la variabilité effrayante des vitesses... terrible
vision de l'INNOMMÉ encore pour longtemps...
souffrance d'une incapacité du dire précis mathéma-
tique et sans retour

savoir tellement que ne pas pouvoir dire l'écrivain débarqué est un nouveau fou comme l'évaluation des foules est une nouvelle science

écrire/ c'est le continuel travail de LEUR en arracher le plus possible.

*

quand tu saignes parce que tu t'es blessé
pour sortir d'une zone
où tu ne devais pas aller tout de suite
cache tes plaies et si ton œil te scandalise
ouvre-le

*

j'ai levé l'embargo sur les Présences du Caché : je les amène maintenant à m'embarquer avec elles... il y a matière à passer bien des fois les fois qu'on va vivre dans les fibres de ce qui vient... et ce qui vient je le vois... et pour tous les mondes.

*

je me suis fait avoir en un 42 mortellement égoïste comme tous ceux qui sont nés et qui naîtront parce qu'il faut sauver alors une peau que des utopiques ont voulu garder comme telle telle quelle sous l'aberrant prétexte que cette peau avait besoin d'une vie après la mort.

maintenant que je sais que je vais perdre les fantastiques irresponsabilités et les encore incommensurables forces de ma machine inexplorée... quoique je fasse parce que le temps ne m'est pas donné sauf peut-être le temps d'une incertaine congélation...

je puis dire maintenant que l'être qui en engendre un autre est un assassin tant qu'il ne peut permettre une éternité ou une optique d'immortalité à l'engendré... je connais l'imposture de la mort et des armées de la foi qui l'ont fait accepter aux hommes avec des garanties d'une vie de l'autre bord... leur moindre tentative d'aveuglement des hommes que je ne veux plus voir mourir parce que je les aime est macérée au fond des étuis dans lesquels les chevaux croisés portaient la mort en galopant leurs étendards... en ne sachant pas et surtout en ne voulant pas savoir pour quelle patrie ou quelle religion de pauvres terriens mortels ils fonçaient en avant à la rencontre de la mort... sur les fréquences de la non-violence il n'y a aucune différence entre un cheval gelé sur le front de Russie en l'an je ne veux plus savoir quoi et un autre cheval crevé.

*

dire : rentre en ligne de comptes
je ne paie plus
j'endosse les maquettes dont le tout connu est fait ainsi que les réalités primaires que les insolvables auraient pu émettre parce que fous comme ils ne le seront jamais assez il n'y aura rien de fait avant parce que tout s'est un peu quand même fait sans que ceux qui ont la stérilité des pouvoirs les voient passer
et je me sens comme pauvre parce que les projets prennent un temps qui m'est enlevé je suis irréver-

siblement du côté de la vitesse pas du côté de la
sécurité moralistique d'êtres fantastiques qui pren-
nent un temps court à vivre au lieu de prendre le
Temps lui-même à ne plus jamais disparaître mais à
transformer la vie par la connaissance de l'inexploré
qui les compose.

Les fonctionnaires

ils sont à l'intérieur et regardent dehors
avec la hâte de sortir
croyant que dehors c'est ailleurs
donc que ce n'est pas ce qui les étreint
comme ils le sont à l'intérieur
et puis ensuite ils sortent vont s'évertuer
sur leur femme sur leurs plats sur l'etc.
et puis ils rentrent à l'intérieur en espérant
retourner ailleurs donc à l'extérieur qu'ils
croient être un ailleurs et puis il meurent
et tout ce temps c'étaient quand même des hommes
des hommes des hommes des hommes...

*

trois cents ans avant J.C.... il n'y a que les hommes
qui ont développé leurs moyens au lieu de se déve-
lopper à ne plus mourir pour vraiment avoir le temps
de commencer à se développer.

l'homme est un cadeau pour l'homme... et au lieu de
faire sauter tous les rubans pour connaître ce cadeau

il se contente de la couleur du premier emballage. mais il n'y a pas un homme au monde qui peut me dire qu'il n'a pas peur du grandiose qu'il appréhende au fond de ses tripes.

c'est pour ça que je ne peux plus voir personne mourir et que les greffes du cœur ce sont des bébelles retardées et directement issues de notre indifférence face à la mort.

*

inutile de le chercher le en sursis ici il appartient aux textures je texture dans l'intérieur d'Espaces dans des progénitures microbiennes des univers-ci
dans le plus
donc dans ce qui est infiniment vulnéré donc dans ce qui se fait de plus dans le plus est dans dedans des sortes de voyages qui se font sans que nous en soyons des sortes de pénétrations supervisibles seulement par celui qui parvient à s'envoyer là où il n'est jamais allé c'est-à-dire là où il ne peut être sûr de la réception et là ce ne peut être que dans l'immensité de lui-même... un être ne peut en rencontrer un autre s'il n'a pas tout réglé avec soi dans ses rencontres avec ce soi préparatoires à une approche de l'autre.

*

il n'y a espatialement qu'inspiration et que vision. tout ce qui est constatable n'est que piètre ristourne de voyages déjà effectués... donc appartenant à l'histoire qui arrête la Vision en avant.

ne croire qu'en l'Homme ne fait pas de nous des putains messieurs les croyants. et de toute façon ce qui fait la putanisation d'un esprit c'est l'incapacité de l'abriter dans l'âme de voir l'homme tel qu'il est : c'est-à-dire : UNE MAGNIFIQUE MACHINE EN FULGURANTE EXPANSION.

Vocationland

le chameau lui écrase la main dans le sable avec sa patte
quand le chameau s'envole
il découvre que ce qui lui faisait vraiment mal
c'était la seule pierre de tout le désert qui était en dessous
même les chameaux ont d'étranges
instruments pour faire
prendre conscience des pierres oubliées
trop vite

*

avoir des pouvoirs est stérile
ils pondent la violence
et la violence est un serpent...
le serpent qui n'a pas le choix sinon celui de mordre est un tas d'excréments par terre qui terrorise les gens simples*

---

* Excuse-moi, serpent, c'est que je ne savais pas que tu avais un cœur comme tout le monde (1976).

*

quand au moins tous les individus passeront
traverseront dans la lumière en même temps
aux mêmes niveaux
comme cent clous enfoncés par une main sûre
à la même profondeur
et d'un seul coup... je serai en paix

*

à part ce qu'il captera de l'Extérieur, l'homme s'en-
verra des ondes à lui-même, à des vitesses inouïes,
statiques; ceci naturellement : au-delà de toute ima-
gination qui, elle, à ces moments-là sera tout un côté
de l'histoire.

la conscience de ces êtres sera l'Être autopotent et
dynamico-statique par sa mise en clair complète de
tous les messages et de toutes les zondes émanant de
leur espace : car, étant micromacrocosmiques, ils
sont leur propre espace; ainsi ils sont l'ESPACE avec
lequel ils sont en communion indépendante et
aénergétique, en ce sens qu'ils ne dégageront plus
d'énergie... ils n'en accumuleront plus non plus
(étant aussi autopotents)... l'Énergie, alors, n'existera
plus. ce sera un mot historicisé par les conservateurs
du passé. ce sera aussi vieux que le mot : symbole.
imagination devenu inutile alors parce qu'ils seront
rendus, parce qu'ils iront partout tous ensemble; et
avec leur machine et avec leur esprit.

le Futur... seul..., depuis qu'il a vu ces êtres, se regarde le nombril et trouve qu'il est rendu pas mal loin. il se dit qu'il a bien fait d'aller jusqu'au bout parce qu'alors l'Homme sera heureux et harmonieux.

*

les circonvolutions mises à des fréquences extrêmes ou quand les Puissances me rapprochent d'elles en augmentant mon pouls cosmographique...
une clef du Tout se laisse entrevoir...
une sorte d'ouverture indescriptible que je ne peux décrire ou ramener... elles ne le permettraient pas...
tout ce que je peux dire c'est qu'il y a une Guérison de l'esprit et de la machine humaine qui résiderait dans les sons

Religions !

celui qui souffre est-il un élu comme vous le faites croire
au point de sauver son âme...
ou bien s'il ne devrait pas plutôt se sauver de vous :
religions de plomb qui calez les petits.

*

avec la proportion la plus généralissime de gens sur cette planète-ci
deux minutes de retard sont généralement acceptées
quatre minutes sont tolérées mais on est déjà des

retardataires à cinq minutes ils croient qu'ils ne peuvent vraiment plus se fier sur vous
à la septième minute de retard on devient l'imposteur de leur existence
à la onzième on est irrémédiablement des égoïstes...
ensuite ils se mettent à vous haïr
à faire de la paranoïa... à être seuls...
tandis que d'autres Sympathiques sont vingt-deux minutes fois plus contents de vous revoir et en plus ils vous remercient d'avoir ainsi permis par ce « retard » qu'ils restent avec eux-mêmes en méditation c'est-à-dire en préparation à vous Voir par les pénétrations qu'ils ont effectuées dans des mondes et des civilisations de grande Rigueur.

*

songes cachés nageant dans les fibres du fiber glass dans le grain de beauté de la porte diaphane c'est vers le 24 décembre que commença l'arthrite de Nazareth depuis lors les esprits vont au ralenti sous prétexte de joie. c'est en tant que victimes d'une religion ou d'une autre qu'il faut mettre le doigt dans l'esprit comme dans l'oreille et en enlever la cire de morale que les traditions et les croyances y ont accumulée

la recherche implique donc de continuelles pénétrations dans l'esprit pour ne pas qu'il s'encrasse et ce jusqu'à ce qu'il soit éternellement habitable.

Bilocation non quadrilocation ? non trilocation ? non trilocation ? oui

l'habitué du bar part avec une fille une heure après sa main passait dans mon dos pour me saluer quand les patrons ont décidé de fermer le bar (ce qui déjà est une manœuvre bien désuète) et qu'ils m'ont mis à la porte j'ai entendu la voix de l'habitué du bar qui me saluait de l'intérieur

quand tout fut bien verrouillé et que je me retrouvai dehors je me suis installé au bar pour prendre un verre en paix jusqu'à la réouverture du lendemain tout en m'occupant sérieusement de la fille que j'avais rencontrée dans ce bar elle était magnifique

Instants

aucune différence temporelle

entre l'instant du chauffeur qui endort son camion
neuf dans ses bras dans un motel du fond à Val-d'Or;
un après-midi dans le cours de sa route

entre l'instant de cette paysanne en passant qui tient
un lapin vivant par les pattes de derrière et qui jase
en catalan près d'un camion endormi de ses vertiges
pyrénéens et l'instant matinal de ce pape italien qui
caresse son calice comme une aile de camion
ils sont tous là qui qu'ils soient ils ne doivent plus
mourir et pouvoir prendre le temps pour que l'instant
dure pour que la longue route le civet et l'alambic
soient consommés*

---

* On dirait que quand on est en Italie on ne peut pas
  s'empêcher de penser au pape (1976).

Voir ou face à face avec l'objet du regard

avec quelqu'un d'autre ou d'autrement
face à face
se rendre à deux lasers
un laser joignant et émanant en même temps de chaque œil face à face puis mettre les lasers en X par une concentration de force à épuisement
donc maintenant chaque œil voit dans son opposé
le X est fait
les deux rayons se croisant exactement au centre de la distance qui sépare et joint ceux qui commencent à voir et là ainsi organisés ils vont tellement profond en vissant de l'œil dans l'autre que les quatre extrémités des rayons une dans chaque œil que cette vissation à des vitesses statiques arrive au fond de la tête uniquement là pas plus loin (le fond d'une tête est amplement terrifiant)
et c'est à partir du fond que les extrêmes commencent à se courber en remontant comme dans le respect des paisibles pour les paisibles.
c'est alors que les deux qui maintenant voient se reculent à la MÊME intensité pour permettre à ces magnifiques courbatures en multiplications d'elles-mêmes
de S'ALLONGER
sans que les rayons ne diminuent d'intensité

341

sans que la CONNAISSANCE de l'autre ne soit altérée quelle que soit la distance du recul qu'ils prennent d'un commun accord (+)
en reculant bien sans se laisser ils peuvent disparaître l'un à l'autre
mais sans jamais perdre contact si facilement télépathique qu'il soit et ce n'est qu'en se rapprochant l'œil toujours dans son opposé démographiquement sans que jamais la scrutation n'ait été diminuée qu'ils pourront enfin VOIR l'immensité de ce qui se cache dans un être...
de l'autre côté du Possible de l'Impossible et des Imaginis.*

Vocation

depuis quelques années il exploite un terrain de vente d'autos usagées sur le boulevard Lajeunesse

mais voilà que quelqu'un une force ajoute des autos sur son terrain une de plus chaque jour

il épie se cache calcule ne voit rien recompte les autos et en trouve toujours quand même une de plus aux abords de la folie furieuse il abandonne son commerce

----

* *Imaginis* : Forces qui permettent le transport de l'esprit dans d'autres temps et situations.

depuis il travaille à solutionner la faim de ceux qui meurent encore religieusement de faim au lieu de manger leurs vaches

*

c'est à Lourdes seulement que j'ai connu les intensités du vouloir tuer
dans ma bouche à salves
c'est à Lourdes
c'est dans ce racket en plein air
dans ce Vegas de la foi
j'étais au milieu de la prière avec une mitraillette je pivotais sur moi-même et tac à tac à tac sur toute la gang expectative face à ce trou avec sa vierge incrustée et tac à tac à tac parce que j'ai vu le centre de recherches à la place de ce sanctuaire entretenu par des soutanes qui sentent le pus

*

Like the monk said : « Shut up ! »

*

une foule congelée suit des yeux quatre enfants en lévitation à quelques pieds du sol quelque part en Espagne au début des années soixante les enfants leur parlent et dialoguent aussi durant deux heures avec des voix venues du ciel mais la foule ne les entend pas. elle n'entend que les enfants... qui, lorsqu'ils descendent au sol, marchent plus vite que tous. ils dévalent aussi les montagnes en marchant à reculons. pour tous ces gens et pour les enfants aussi c'était le bout de Tout : Dieu.

mais personne de ces deux plans ne vit passer un Superman à toutes vitesses... toutes les vitesses... son vol était permis par cette multitude de changements de vitesses. il se disait : « Regardez-moi tous ces imbéciles qui croient encore au Surnaturel et ces quatre innocents, clowns d'une maléfique comédie... j'suis content d'en être sorti. » pendant qu'il regardait en passant cette foule de face et les enfants de dos... il ne sentit pas la présence d'un autre être : un oeil... qui le voyait passer au troisième plan, le plan le plus près de Lui. et cet oeil se demandait sérieusement si par hasard il ne s'était pas trompé dans sa création. en voyant comme ça la foule prosternée les enfants et le Superman... Il se dit après un bout de temps : « Je vais aller me renseigner auprès de l'Autre. » Il se leva et partit... on ne le revit plus.

*

être et être libre c'est être indélébile mais être indélébile c'est ne plus mourir
et ne plus mourir c'est travailler très fort ensemble mais comme tous sont séparés
et comme le travail est un des fils de l'évertuement qui tue
et l'évertuement étant une forme encore humaine donc encore religieuse et politique du vivre
il est en conséquence évident que la liberté ne sera jamais terrienne
parce que la terre est habitée par des finis avant de partir

Le schizophrène —1— paranoïaque
sur les bords

un inadapté aux univers vrais arrive par en arrière et poignarde celui qui parlait avec... devant trois autres personnes qui se lèvent, horrifiées et qui crient : « tu l'as tué ! L.S.P. » « je voulais et je leur donnais pourtant vraiment quelque chose et voilà qu'ils connaissent l'insecte qui m'a fait ça. »

ce fut alors, qu'étendu par terre, je les regardai.

je demande alors à l'un deux d'enlever le poignard dans mon dos... je me relève ensuite, le couteau à la main... ils reculent tous dans le coin... je suis maintenant seul dans mon camp et ils ont peur de moi.

alors je m'approche tranquillement du sidéré, du plus sidéré de ce petit groupe, je lui baisse son zipper... et là, je lui coupe la queue... et là le couteau dans une main, la queue dans l'autre je leur dis : « ne vous approchez plus jamais d'un esprit avec votre cul ! »

je les ai laissés comme ça... y paraît qu'ils sont encore là.

Rapports / de / à

pourpre démons dieux papauté mort opulence les velours feutres luxures les êtres beaux feu silence feutré de tentures à voir de tapis à fouler rapports aussi avec les ombres vives de tout ce qui est ou se rapproche du pourpre de tempêtes à cataclysmes à livres d'enfants à certaines larves et autres produits de la nature de rigidité et froideur de ceux qui y évoluent et se sentent bien dans des parages de nature à rapports de tout cela avec vieillesse et sensations de grandes profondeurs : sorte de peau seconde langue comme feutrée étouffements comme dans les grandes hauteurs...

rapports entre les symboles héraldiques des pays qui séparent les hommes en les rendant fiers entre les signes les sociétés de toutes sortes les symboles occultiques les blasons les parures et les crests de tout acabit entre aussi la frénésie plastique du temps et la suprématie de l'amibe dans l'univers des coussins entre le rire et le froid la dentelle de certaines femmes certaines décorations et les fions fioritures pacotille bijoux excessifs et pesants entre aussi les chaînes et chaînettes les plus menues le clinquant avec ses sons et les rires de ceux qui brillent.

*

entre certaines formes de rires de crises et de transes entre la dilatation du souffle au poumon et de la

346

pupille à l'œil entre aussi l'existence des infirmités la vision de ses excréments possible à l'homme et leur extrême pouvoir d'excitation entre les ablations de toutes sortes voire même les greffes nées d'autres ablations entre tout cela et la présence des *fous* parmi les *sensés* entre le tapis le silence le feu le soufre et la fumée entre aussi les forces ectoplasmiques et certaines maladies comme l'épilepsie entre l'astral et le fibre entre l'ailleurs fils de notre inquiétude entre enfin l'ailleurs et l'ici.

*

une fois qu'on a laissé la troublématique afteuse envahir
les abords puis s'implanter dans son esprit
ça ne se ramasse plus à la pelle
ça s'accumule.

*

l'aveugle regarde Partout

*

les hémorroïdes sont au centre
comme la famille le drapeau le noyau et la Croix-Rouge

Dieu

(ça me déprime de parler encore de lui, parce qu'à
chaque fois que l'on parle de lui, de quelque que
façon que ce soit, il tend l'appareil avec lequel il
entend et dans son silence il écoute; ça fait tellement
longtemps qu'il écoute, qu'il a commencé à se
demander si par hasard il n'existerait pas vraiment...
« Pourquoi pas... il y en a tellement qui veulent que
j'existe »)*

de toute façon, voici ce que j'avais à dire :
ce que dieu a fait
l'Homme s'en habitue
et de plus en plus en plus et de mieux en mieux
la création surprend encore des gens
moi aussi
mais ce n'est plus un hit... ce n'est plus parfait
on a fait des rigoles avec les voies de dieu
l'esprit a commencé à travailler
il créera des mondes encore plus parfaits que ce que
dieu a fait... c'était bien mais s'il avait eu le temps
il aurait pu prendre une couple de jours de plus pour
nous donner le temps d'arrêter d'être des mortels des
barbares et des romantiques à n'en plus finir...
c'est le fruit de son amour (air connu).

*

* Maintenant que j'ai foi en lui je sais qu'il n'a rien à voir
là-dedans (1976).

348

quand la fille fut étendue sur son lit, lit qui de fait était le recouvrement d'une machine, le savant lui introduisit un autre sexe que le sien, très mince car elle était très serrée; et c'est à l'intérieur de ce ventre que tout commença quand à l'intérieur ce mince sexe s'ouvrit par le bout pour laisser se déployer quelques appareils primaires, c'est-à-dire les appareils servant au plaisir de la fille pendant que de vraies opérations se préparaient, la fille était déjà en train... en train de courir après cet orgasme si important pour elle... mais voilà que d'autres appareils plus compliqués commencèrent à former des doigts de métal très articulés et très subtils pour ne pas perturber la bienheureuse qui sent bien que ce n'est pas ce vieux savant qui peut si bien faire l'amour... elle ne veut plus rien savoir... quand après deux heures de mécanisation interne, de graissage (car ces machines étaient lubrifiées avec du sperme) et de formation, ces doigts se relièrent à des paumes face à face, le savant n'avait pas encore mis sa machine au maximum ; et ce, même s'il avait fallu déployer une force extraordinaire pour installer deux mains de métal dans un col si étroit. la fille se sentait bien ouvrir, mais comme c'était tellement bon et étrange, elle passa outre et eut un autre orgasme. c'est alors que le savant mit sa machine au maximum...

les deux mains s'écartèrent l'une de l'autre à environ un pied de distance... elle en mourut de plaisir et d'autres suites que je ne décrirai pas ici... en pliant bagages, le savant était bien content de lui : il avait même prévu un sexe mince, donc beaucoup plus complexe à l'intérieur; pour de telles circonstances l'inspecteur, dans le cours de son enquête nébuleuse (car il ne pouvait pas imaginer de sexe d'homme capable d'une ouverture aussi béante... et toujours ce sourire sur le visage de la malheureuse qu'il ne parvenait pas à s'expliquer) dut introduire sa main à l'intérieur, toujours pour fin d'enquête quand sa main fut entrée dans cette salle saignante d'un pied de large par six pouces de haut, elle sortit de son orgasme unique et se réveilla le sexe se referma, et ce, avec la même force qu'il avait fallu à la machine du savant pour l'ouvrir; ce réveil coupa naturellement la main de l'inspecteur qui déjà voyait grandir une étrange main de métal au bout de son moignon... tandis que la fille cherchait déjà les mots avec lesquels elle expliquerait la présence d'une main de policier dans son ventre... mais au fond tout ce qui comptait vraiment pour elle c'était de retrouver ce petit savant. quant à l'inspecteur il n'a pas encore fait le point entre l'extase orgasmique de la fille (et ce maudit sourire inexplicable) et ce ravage dans cette si belle église avec cette lampe rouge clitoristique tout enflée comme une lampe de sanctuaire.

*

le pape pis sa gang se préparent encore à se faire décapiter quand tous ceux qu'ils trompent en leur prêchant l'éternité après leur mort vont réaliser

l'imposture mettre le paquet sur la science et mettre
fin à ces voyages vaticanesques du genre Bogota où
le grand déguisé est allé baiser le sol en bénir une
quinzaine dans un taudis en leur disant de rester
pauvres parce que dieu les aime
pour ensuite remonter dans son jet
faire escale aux Bermudes et retourner chez ses
Romains

*

ET RÉÉÉÉÉÉÉÉCRIRE

Well... what am I living for if not for you...

*

tout ce qui fonctionne vraiment en ces moments
c'est l'industrie de la mort

*

en pensant que le CRI sous toutes ses formes était
dépassé que j'avais affaire à des humains
j'ai re-pensé

et su que j'en étais un. Alors pour me sauver j'ai mis
le paquet sur les formes de vies qui me ressemblent...
sans gager bien sûr...

et je crois de plus que l'homme est une bibitte qui ira
très loin et qu'il vaut la peine de se battre pour qu'il
ne nous fasse jamais plus de peine pour qu'on le voie
tel qu'il est un mortel encore capable de se perdre.

se perdre c'est mourir il est évident que la mort est la faiblesse d'ordre supérieur qu'on a dû déceler dans la machine humaine c'est donc contre elle qu'il faut se battre et pas entre nous.

*

j'assure que venir au monde dans les conditions offertes aujourd'hui c'est un suicide couventin et puis que s'il n'y a pas d'énergie dégagée d'ici très peu pour contrecarrer des maladies bénignes comme la mort l'homme et avec lui toute la vie s'engagent dans leur propre élimination génétique.

les bombes sont des « bébelles » pour bébés à gros jouets. ce n'est pas là que c'est grave. la violence est dans notre barbarie et notre barbarie ne sera pas résolue avec la disparition des guerres. on est des barbares parce qu'on met encore des enfants au monde qui n'ont pas mais vraiment pas aucune raison de sortir du ventre de la paix. on n'a rien à leur offrir de grandiose. bientôt les enfants refuseront de sortir après s'être sortis la tête et ils tireront sur le cordon ombilical vers l'intérieur tandis que ces pauvres médecins se battront en tirant de leur côté pour leur donner un semblant de vie (parce qu'il y a la mort au bout). et ce seront ces mêmes médecins qu'on aura transformés en sages-femmes parce que c'est plus payant pour eux et que ça coûte moins cher aux gouvernements mondiaux que de les envoyer en recherche directe contre la mort. tout le monde devrait prendre des pilules anticonceptionnelles pour qu'on prenne au moins le temps de savoir où on va. il y a longtemps que l'on aurait dû passer la camisole de force au pape et à toute sa christ de gang.

*

— J'ai une crotte sur le cœur.
— Fais-toi en poser un autre !

*

il n'y aura plus de violence quand tous ensemble ou individuellement (je n'ai pas encore répondu à cette question) on se fera violence au point où l'homme pourra entrevoir des chances de ne pas aller nourrir les vers au cimetière et pis les fleuristes et pis les cadillacs et pis les curés et pis les vendeurs d'encens et pis les tailleurs qui sauvent du tissu dans le dos et pis les sculpteurs de monuments et pis les fossoyeurs et pis les crosseurs de toutes les sortes que le racket de la mort engraisse...

à mon avis être non-violent c'est commencer par le commencement... même le sperme ne sait plus où donner de la goutte il y en a une couple qui ont compris... ils croupissent en chiennes blanches dans des petits laboratoires de pet en attendant que ceux qui détiennent les pouvoirs comprennent ! j'appelle ces chercheurs :

LES CLOÎTRÉS DE L'ÉTERNITÉ

les chercheurs pour le vrai sont les plus beaux.

*

on est des barbares parce qu'on rit de celui qui a un flat et on réalise même pas que c'est pas la faute des clous mais de la faute des dangereux qui pourraient construire des pneus à toutes épreuves. on est des barbares parce que les bas de nylon sont meilleurs en temps de guerre et qu'on bande sur des faux cils...

la violence n'est pas seulement dans le sang qui s'égoutte au bout des canons, elle est aussi dans le cœur de celui qui « fourre » l'autre; et qu'on ne m'embarque pas ! TOUT LE MONDE FOURRE TOUT LE MONDE. la violence n'est pas au Vietnam elle est ici chez nous. la pire violence est dans les fibres dans ce qui paraît le moins. j'ai été le premier à coucher avec des filles et des femmes sans les faire venir parce que je pensais rien qu'à moi parce que devant vous je fais déjà une différence discriminatoire entre femme et fille.

les porteurs de pancartes qui pensent que ça va régler quelque chose que les Américains sortent du Vietnam ont menti. ils sont tout aussi violents que ceux qui se battent là-bas ou qui posent des fils à trois cents dollars par semaine de cinq jours.

ces porteurs de la non-violence ont trouvé dans leur combat un beau moyen de se la couler douce dans la peau d'une nouvelle sorte de héros : c'est-à-dire les non-violents. je ne suis pas un non-violent ni un violent je suis à la recherche de l'essence blanche de l'homme transfiguré. je ne veux plus que l'homme meure de quelque façon que ce soit.

LE RESTE NE M'INTÉRESSE PAS !

*

354

si on me donnait le copyright de l'homme le temps
d'un gland (on a le temps de passer du temps avec un
gland quand on ne meurt plus)
je ne transformerais rien
car tout va bien même si ça ne va pas assez vite
LUMIÈRE vient...
mais peut-être que j'interviendrais un peu
en éliminant en lui la manie qu'il a de regarder en
arrière
QU'IL NE PUISSE PLUS SE SOUVENIR
je crois qu'avec cette impossibilité de pénétration du
passé l'homme prendrait une envergure spirituelle-
ment scientifique

*

le capital n'a pas de sens parce que la mort
n'est pas réglée il faut donner au petit le temps
de se rattraper et mettre tout en branle,
toute la boule... pour les arrêter de crever

*

*People : I am telling you : don't go for death anymore !
don't you have enough ?
don't make war don't make love
just don't die*

traduction littérale dans la langue de mon pays, le
plus beau
pays du monde comme tous les plus beaux pays du
monde :

VOUS ÊTES PAS ÉCŒURÉS DE MOURIR
BANDES DE CAVES
C'EST ASSEZ !*

*

ils n'ont que l'humour d'eux-mêmes parce qu'au fond
ils ont peur ou bien ils se croient révolutionnaires
ils n'ont aussi que le sexe pour oublier
d'oublier qu'ils oublient
l'alcool et les drogues couteaux
le dépit aussi
l'évertuement généralisé comme un cancer
ils ont la lucidité de certains sur l'absurdité de la vie
sujette de la mort-reine
l'occupation à tout et à rien interfondue
ils ont aussi un espoir lointain et mal perçu
parce qu'ils posent des pièces au lieu de changer le
vêtement quand il faut quarante logements pour des
gens dans le besoin

ils en construisent quarante et un au cas où il y en
aurait un autre qui ferait surface dans un avenir
prochain

il sera demandé aux terriens pourquoi ils se sont
évertués à tirer le meilleur parti de leur petit passage
ici (ce qui est déjà une acceptation et une complicité
avec l'échéance *mort* que la logique considère comme
inévitable et normale) au lieu de s'attaquer de front
ensemble et unilatéralement au problème de toutes les
sortes de morts et de toutes les sortes d'agonies !

---

* Gravé à Québec, ainsi que les quatre textes dans *Le repas est servi* (1970), quatre textes desquels personne n'a jamais parlé.

356

À Jordi Bonet

ici on connaît aussi sablièrement
la pierre que la mort

ici on ne sait plus lequel
de la cloche ou de la montagne
est venu le premier

ici le temps a perdu le fil
il n'y a plus que l'instant
et encore... il ne passe pas toujours

il se moule plutôt sur lui-même
seul
non pas tout à fait
avec un chien
à je n'ai jamais su quelle heure

et ces Pyrénées qui se mettent à rapetisser
à devenir terriennes
à avoir la même luxure que le papier des crèches

vitalement au-delà de tous les vertiges ici on va de
l'autre-côté de basculade dans l'Inconnu
ici on sait
on pénètre le flottement-silence
en fait on se flambe complètement de méditation
ici on est c'est-à-dire : ici on espace...

ici
c'est ici qu'on ne meurt plus
c'est ici la faillite des ciels cierges
c'est ici que Dieu a vu sa fatigue
la Mort en est morte
VIVE L'HOMME
VIVE L'ANDROÏDE
VIVVVVVVVV*

---

* Écrit à Taull, Espagne, mai 1968.
  Aussi imprimé dans le béton d'une murale de Jordi Bonet
  au Grand Théâtre de la cité de Québec, au Québec...

Bibliographie

Jéricho est paru pour la première fois aux Publications Alouette en 1963 et en ré-édition aux éditions Librairie Beauchemin Limitée en 1976.

Les Essais rouges est paru pour la première fois aux Publications Alouette en 1964 et en ré-édition aux éditions Librairie Beauchemin Limitée en 1976.

Les Mondes assujettis est paru pour la première fois aux éditions Métropolitaine en 1965 et en ré-édition aux éditions Librairie Beauchemin Limitée en 1976.

Manifeste Subsiste est paru pour la première fois à compte d'auteur en 1965 et en ré-édition aux éditions Librairie Beauchemin Limitée en 1976.

Calorifère est paru pour la première fois à compte d'auteur en 1966 et en ré-édition aux éditions Librairie Beauchemin Limitée en 1976.

Manifeste Infra et *Émissions parallèles* sont parus pour la première fois aux Éditions de l'Hexagone en 1974 et encore une troisième fois aux éditions Librairie Beauchemin Limitée en 1976.

Pour la grandeur de l'Homme est paru pour la première fois à compte d'auteur en 1969 et en ré-édition aux Éditions de l'Homme en 1971.

SES ŒUVRES SUR PLEXIGLAS OU
ÉCRITES À LA MAIN OU EN TIRAGES
LIMITÉS FONT PARTIE DES
COLLECTIONS PERMANENTES DE :

Université d'Ottawa
Groupe La Laurentienne
Université de Calgary
Bibliothèque Nationale d'Ottawa
Le Protocole de la Province de Québec
Bibliothèque Municipale de Montréal
Lamarre Valois et Associés
Université du Québec
Québécor
Musée de Québec
Université de Toronto
Université de Montréal
Grand Théâtre de Québec
Bibliothèque Nationale du Québec

Table des matières

Du même auteur

Jéricho (1963)

Les Essais rouges (1964)

Les Mondes assujettis (1965)

Calorifère (1965/66)

Manifeste infra *suivi de* Émissions parallèles
(1967, 1974)

Le Repas est servi (1969)

Pour la grandeur de l'Homme (1971)

Mets tes raquettes (1972)

Chômeurs de la mort (1974)

Éternellement vôtre (1974)

Amuses-crânes, aphorismes (1963-1973)

Réédition tomes 1-2-3 des Œuvres complètes de
1963 à 1975 (1976)

Inoxydables (1977)

L'Autopsie merveilleuse (1979)

La Paix et la folie (1985)

Une plongée dans mon essentiel (1985)

L'Ouragan doux (1990)
(Éternitextes : 1970-1990)

Dix doigts sur le rail (1993)